HOSHIORI 星栞

2023年の星占い
獅子座

石井ゆかり

獅子座のあなたへ
2023年のテーマ・モチーフ
解説

....

モチーフ：アイスクリーム

....

　小さな頃からみんな大好き、アイスクリーム。2023年の獅子座はとにかくスイートで、キラキラして、ワクワクしています。アイスクリームは食後のデザートとしても楽しまれますが、遊園地に行った時、映画を見に行った時など、「遊びに行った先」で食べるイメージも強いように思います。2023年の獅子座はそんなふうに、楽しい企画が盛りだくさんなのです。遊び心、楽しもうとする気持ち、楽しい時間を作る創造性。そんな力があなたの2023年のポテンシャルを開花させます。

はじめに

こんにちは、石井ゆかりです。

2023年は星占い的に「大物が動く年」です。「大物」とは、動きがゆっくりで一つの星座に長期的に滞在する星のことです。もとい、私が「大物」と呼んでいるだけで、一般的ではないのかもしれません。2023年に動く「大物」は、土星と冥王星です。土星は2020年頃から水瓶座に位置していましたが、2023年3月に魚座に移動します。冥王星は2008年から山羊座に滞在していましたが、同じく2023年3月、水瓶座に足を踏み入れるのです。このように、長期間一つの星座に滞在する星々は、「時代」を描き出します。2020年は世界が「コロナ禍」に陥った劇的な年でしたし、2008年はリーマン・ショックで世界が震撼した年でした。どちらも「それ以前・それ以後」を分けるような重要な出来事が起こった「節目」として記憶されています。

こう書くと、2023年も何かびっくりするような出来事が起こるのでは？と思いたくなります。ただ、既にウクライナの戦争の他、世界各地での民主主義の危機、

世界的な環境変動など、「時代」が変わりつつあること
を意識せざるを得ない事態が起こりつつあります。私
たちは様々な「火種」が爆発寸前の世界で生きている、
と感じざるを得ません。これから起こることは、「誰も
予期しない、びっくりするようなこと」ではなく、既
に私たちのまわりに起こっていることの延長線上で「予
期できること」なのではないでしょうか。

　2023年、幸福の星・木星は牡羊座から牡牛座を運行
します。牡羊座は「はじまり」の星座で、この星座を
支配する火星が2022年の後半からコミュニケーション
の星座・双子座にあります。時代の境目に足を踏み入
れる私たちにとって、この配置は希望の光のように感
じられます。私たちの意志で新しい道を選択すること、
自由のために暴力ではなく議論によって闘うこと、な
どを示唆しているように読めるからです。時代は「受
け止める」だけのものではありません。私たちの意志
や自己主張、対話、選択によって、「作る」べきもので
もあるのだと思います。

《注釈》

◆ 12星座占いの星座の区分け（「3/21〜4/20」など）は、生まれた年によって、境目が異なります。正確な境目が知りたい方は、P.124〜125の「太陽星座早見表」をご覧下さい。または、下記の各モバイルコンテンツで計算することができます。
インターネットで無料で調べることのできるサイトもたくさんありますので、「太陽星座」などのキーワードで検索してみて下さい。

モバイルサイト【石井ゆかりの星読み】（一部有料）
https://star.cocoloni.jp/（スマートフォンのみ）

◆ 本文中に出てくる、星座の分類は下記の通りです。
火の星座：牡羊座・獅子座・射手座　　地の星座：牡牛座・乙女座・山羊座
風の星座：双子座・天秤座・水瓶座　　水の星座：蟹座・蠍座・魚座
活動宮：牡羊座・蟹座・天秤座・山羊座
不動宮：牡牛座・獅子座・蠍座・水瓶座
柔軟宮：双子座・乙女座・射手座・魚座

《参考資料》

・『Solar Fire Gold Ver.9』（ソフトウェア）/ Esoteric Technologies Pty Ltd.
・『増補版　21世紀　占星天文暦』/ 魔女の家BOOKS　ニール・F・マイケルセン
・『アメリカ占星学教科書 第一巻』/ 魔女の家BOOKS　M.D.マーチ、J.マクエバーズ
・国立天文台 暦計算室Webサイト

HOSHIORI

獅子座 2023年の星模様

年間占い

✳ 華やかな年

　ひとことで言って「華やかな年」です。冬からいきなり夏に突っ込むような、リミッターを解除するような、どんどん打ち上げ花火を上げるような、「祭りの終わり」が来ないような、そんなハデな時間が獅子座の2023年なのです。さらに言えば2023年「だけ」がハデなのではなく、この華やかさは2024年前半まで続いていきます。その後も、2023年に流入した熱のいくつかは燃え続けます。なぜ「熱」に「流入」という表現を使ったかというと、2023年の「熱さ」の中には、マグマの流れのようなものがあるからです。ちょっとした焚き火のような熱ではなく、岩をも溶かすような熱が、そこにあるのです。

　熱い人間関係に揉まれ、熱いチャンスが巡ってきて、びっくりするようなドラマティックな選択をすることになるかもしれません。電撃結婚や「大ブレイク」など、周囲がはっと驚くような展開もあり得ます。素晴らしい幸福感に包まれる時間もたくさんあるでしょう。公私ともに勢いのある年、アクティブな「攻め」の姿

勢で挑める1年です。

❊ 年の前半、情熱的な仲間との「冒険旅行」

2022年5月半ばから2023年5月半ばにかけて、「旅と学びの季節」の中にあります。冒険旅行に出るような、高度な学問を修めるような時間です。旅行と勉強はだいぶ違うぞ、と感じる人もいるかもしれませんが、「未知の世界について知る」という意味において、両者は同じテーマです。また、今でも「修学旅行」「体験旅行」「留学」のように、旅と学びが一体化したような活動は多々あります。2020年頃からの「コロナ禍」により、自由に海外に旅することは難しくなりましたが、それでも獅子座の人々は2022年夏以降、なんらかの形で「未知の世界」への冒険を試みてきているのではないかと思います。また、重要なミッションを抱いて長い距離を越えた人もいるはずです。

この時期の、広い意味でのそうした「冒険旅行」には、熱い仲間が道をともにしてくれたのではないでしょうか。あるいは旅先で、学びの場で、心から解り合える情熱的な友に出会った人もいるでしょう。この「仲

間と出会う・同道する」熱い展開は、2023年3月まで
続いています。

❄ 突然の「大ブレイク」、成功の時

　5月半ばを境に、「旅と学び」の季節が終わり、かわ
って「活躍と成功の季節」がやってきます。ここから
2024年5月にかけて、高い目標を掲げてそれを達成す
る時間となるのです。仕事や対外的な活動で大きな成
果を収める人もいるでしょう。ずっと続けてきた活動
において「ブレイク」を果たしたり、念願のポジショ
ンをゲットしたりする人もいるはずです。昇進したり、
転職したり、独立したり、育児や介護を担ったりと、社
会的立場が大きく変わる時なのです。肩書きが変わり、
呼び名が変わり、社会的な居場所が変わります。

　育児や介護は「プライベートなことで、社会的な活
動ではない」と考える人もいますが「自分以外の誰か」
の人生をサポートすることは、現実には立派な社会的
活動です。実際、学校や役所、病院や様々な施設に出
向く機会も増えますし、その分野に携わるプロとの出
会い、これまで視野に入らなかった社会的システムの

発見など、新たな「世の中」に出会うことになります。育児や介護を「社会的活動」だと捉えられないことで、一人で苦しみを抱え込んでしまうケースも多々あります。それは本来「自分だけのこと」ではないのです。

2018年頃からより自由な生き方を求めて試行錯誤を続けてきている人もいるでしょう。伝統的な価値観に縛られず、新しい時代を切り開くような働き方、生き方、社会参加の仕方を模索してきたあなたがいるのではないでしょうか。あるいは、古いシステムや組織と闘い、より自由な場を作ってきた人もいるだろうと思います。この2023年半ばから2024年半ばにかけて、そうした自由への試みが一気に加速します。賛同者が増えたり、働きかけが受け入れられたり、脚光を浴びて注目されたりするかもしれません。これまで反対してきた人が、突然強い賛同を示してくれる、といった展開もあり得ます。チャンスが巡ってきて、理想を現実に変えることができるのです。中には「ムーブメントを起こす」「一世を風靡する」ようなことを実現する人もいるかもしれません。

この時期の「成功・活躍」には、突発的で、衝撃的で、非常に新鮮なものが含まれています。チャンスは「徐々に、ゆるやかに」ではなく、唐突にやってきます。自分も驚き、周囲をもびっくりさせながら、どんどん新しいことにチャレンジしていく、という展開になりやすいのです。獅子座の人々は非常に勇敢なのですが、なぜか新しいものを前にすると、少し怖じ気づくところがあります。でも、この時期は勇気を出して、未体験ゾーンに足を踏み入れてみて頂きたいと思います。

❋「愛と美の星」の季節

　6月から10月上旬、愛と美と豊かさの星・金星があなたのもとに長期滞在します。この間、生活全体がキラキラした雰囲気に包まれ、楽しいことがたくさん起こるでしょう。ほめられたり、誘われたりと、人から注目されますし、恋愛にも強い光が射し込んで、嬉しい進展が期待できます。

　また、金星が巡ってくる時間は「美」に意識が向かいます。より魅力的になりたい、という思いが強まりますし、純粋に「美しいもの」に近づきたくなるので

す。ファッションやヘアスタイルを刷新する人、普段あまり着るものに頓着しないのに突然、素敵なドレスに一目惚れする、といった人もいるかもしれません。あるいは、絵画や彫刻などの美術品に惚れ込む、といったことも起こるかもしれません。一般に、「美しくなろう」とすることは、虚栄や自惚れ、媚態などと関連づけられ、道徳的に問題があると捉えられがちです。でも、世の中には美しいものというのがあって、その美の世界に自分も入ってみたい、という自然な感情があるのも、また真実だろうと思います。あなたの中にある美のイメージが刷新され、その美を「体現する・生きる」ことができる時です。

✳ 「手を差し伸べる」側に立つ

元来、自立心が強く、依存心や他者への期待をあまり抱かない傾向がある獅子座の人々ですが、2023年からは特に「人への期待」が薄まるかもしれません。人に期待するよりも、自分自身を信じよう、という思いが強まります。あるいはさらに、大切な人を全力でサポートしなければ！という意識が強まるかもしれませ

ん。これまでお世話になった人に恩返しをしたり、以前助けてくれた相手を今度は助けに行ったりすることになるかもしれません。あなたの力を必要としている人がいる、というシチュエーションが生まれやすいのです。人に力を貸すことを通して、自分自身の持っている力の強さ、大きさを自覚できます。かつて叶わないと思っていた相手をサポートするような立場に立った時、いつのまにか自分が思いのほか「大きくなっていた」ことに気づかされるでしょう。

❰ 仕事・目標への挑戦／知的活動 ❱

前述の通り、2023年5月半ばから2024年5月半ばにかけて、素晴らしいチャンスが巡ってきます。2022年から学んできたことが役に立って、一気にステップアップする人もいるかもしれません。長い間目指してきた目標に手が届きますし、「新規開拓」も成功しやすい時期となっています。独立、昇進、転職なども概ねうまくいきます。この時期は「これまで通り・現状維持」に固執すると、かえって危険になるケースもあるかもしれません。世の中の変化、仕事環境の変化のスピー

ドが非常に速いので、「様子を見ながらゆっくり進む」ことができにくいのです。

　一方、あまり「人に頼る」ことができない時ではあります。仲間やパートナーとの連携はうまくいくのですが、タナボタやオマケ、有利なオファーなど、「外から来る、嬉しい条件」が制限されがちなのです。「例年よりもオファーが少ない」という気がしても、慌てる必要はありません。数は少なくとも、目の前にあるテーマを大切に自分のものにしていくことで、道が拓けます。仕事ではどうしても、利益の額や案件の数、アクセス数など「数字」が取り沙汰されるものですが、少なくともこの時期は、「数字」に振り回されないほうが良さそうです。数字に、あまり意味がないのです。

｛ 人間関係 ｝

　2022年8月下旬から2023年3月にかけて「情熱的な仲間に恵まれる」時期となっています。積極的に動く人々から刺激を受け、より高い理想を目指そうという意欲が湧いてくるでしょう。新しい友達に出会える時ですし、その友達が未知の世界へと導いてくれます。

2020年頃から人間関係に「距離」を感じてきた人が少なくないはずです。パートナーや、普段一対一で関わっている相手と、なぜか「遠ざかる」感じがあったのではないかと思うのです。孤独感や疎外感に苦しんだ人、関わりに背を向けてきた人もいるだろうと思います。そんな状況が2023年3月頭、終わりを告げます。これまで冷たい気持ちで接していた相手に、不思議とあたたかみを感じられるようになるでしょう。一人だと思い込んでいたのに、いつのまにかいろいろな人が関わってくれている、とわかるかもしれません。

　さらに3月末以降、今度は磁力のようなもので、誰かに強く惹きつけられることになるかもしれません。パートナーとの関係がぐっと強まったり、なんらかのきっかけにより「一緒にいるしかない」という状況に至ったりするかもしれません。誰かに魅了されたり、否応なく人生の一部を分け合ったりすることになるかもしれません。切っても切れない繋がりが生まれ、生活全体の方向性を、誰かとの関係を軸に大きく変えていくことになるかもしれません。この流れは、2023年だけのことではなく、ここを入り口として2043年頃まで

続いていきます。ゆえに、この瞬間に全てが起こる、というわけではないのですが、おそらくこの3月末から6月上旬くらいまでの中で、象徴的な出来事が起こるでしょう。2023年3月に起こる「人間関係のシフト」は、言わば、これまでN極同士で反発し合っていたのが、突然相手側がS極に変わり、ぐいぐい引き合うようになる、といった劇的なものです。

さらに6月から10月上旬は、愛に溢れる素晴らしい季節となっています。過去2〜3年の中で感じ続けていた孤独感や疎外感は、完全に払拭されるはずです。

｛ お金・経済活動 ｝

2023年、あなたの星座に長居する金星は、愛と美の星であると同時に「お金・豊かさの星」でもあります。ゆえに、6月から10月頭は経済的にかなり強い追い風が吹くでしょう。欲しいものを手に入れられる年と言えます。

一方、経済面で「自力でなんとかしなければ」という思いが強まるかもしれません。というのも、あなた自身の経済力は向上していくのですが、一方でパート

ナーや関係者の収入に不安が出てくる可能性があるのです。この「不安」は、長期的な活動がスタートするということに起因します。たとえば、パートナーや経済的関係者が、「種を蒔いてすぐ収穫できる作物ではなく、満足な収穫を得るのに数年かかる果樹を植える」といった選択をするのかもしれません。実入りが増えるまでに時間がかかるので、序盤は特に不安が強くなります。また、クライアントが大きく変わったり、取引先の金融機関を変更するなど、経済的に関わる相手先がガラッと変わる可能性もあります。この場合も、信頼関係をゼロから築いていくプロセスにおいて「序盤の不安感」が生じるかもしれません。今まで自由に使えていたリソースが使えなくなったり、オファーが減ったり、受け取ってきた仕送りが少なくなったりと、なにかと「制限される」ことが多くなるかもしれませんが、これも「序盤」ゆえの、一時的な現象です。ここから2年強をかけて、少しずつその制限を乗り越えていけます。この時期に時間をかけてじっくり育てた「少数精鋭」の経済的な関係は、その先長く、あなたの経済環境を盤石にしてくれるでしょう。突然外部からの

流れが滞ると不安になるのが当然ですが、あなた自身の経済力はむしろ、強化されていきますので、自分が人を支える気持ちを大切にして進みたい時です。

❧ 健康・生活 ❧

　2008年以降、なんらかの慢性的な健康上の問題を抱えていた人は、2023年3月からその問題の「出口」が見えてくるかもしれません。特に、その問題が「欲求・依存」に関係していたなら、問題が解決に向かう可能性が高いはずです。たとえばアルコール依存や摂食障害、様々な強迫症、なんらかの衝動のコントロール不全など、「自分でもどうにもできない」不可解な症状が、不思議と「ほどけはじめる」のです。2024年を過ぎる頃には、しっかり解決している可能性があります。6月から10月上旬は、心身のコンディションが上向きになります。ストイックな節制より、「心身が喜ぶこと」を追求すると良さそうです。

◉ 2023年の流星群 ◉

「流れ星」は、星占い的にはあまり重視されません。古来、流星は「天候の一部」と考えられたからです。とはいえ流れ星を見ると、何かドキドキしますね。私は、流れ星は「星のお守り」のようなものだと感じています。2023年、見やすそうな流星群をご紹介します。

4月22・23日頃／4月こと座流星群
例年、流星の数はそれほど多くはありませんが、2023年は月明かりがなく、好条件です。

8月13日頃／ペルセウス座流星群
7月半ばから8月下旬まで楽しめます。三大流星群の一つで、条件がよければ1時間あたり数十個見られることも。8月13日頃の極大期は月明かりがなく、土星や木星が昇る姿も楽しめます。

10月21日頃／オリオン座流星群
真夜中過ぎ、月が沈みます。土星、木星の競演も。

12月14日頃／ふたご座流星群
三大流星群の一つで、多ければ1時間あたり100個程度もの流れ星が見られます。2023年の極大期は月明かりがなく、こちらも好条件です。

HOSHIORI

獅子座 2023年の愛

年間恋愛占い

♥ 冷気が消えて、熱が流れ込む

　2020年頃から、愛の関係に疑念や、警戒心や、拒否感、距離感、疎外感、無関心など、なんらかの冷たい思いを抱いていたでしょうか。2023年はそんな「冷たい思い」が消え去り、かわって非常に深い、濃い、熱い思いが流れ込んでくる年です。3月は特別な愛のターニングポイントです。冷たさが去って、熱さが流入し、さらにこの「熱さ」が2043年頃まで続くのです。2023年はまだほんの序の口に過ぎず、すぐには何も起こらない可能性もあります。ですが、長期的に見た愛の状況は、この3月で一変するはずなのです。さらに6月から10月上旬、愛の星・金星があなたの星座、獅子座に長期滞在します。愛の女神ヴィーナスがあなたをこの間、ずっと応援してくれます。獅子座の2023年は全体に、愛がどんどんあたたまっていく時間です。

{ **パートナーを探している人・結婚を望んでいる人** }

　2020年頃からパートナーを探しているのに、なかなか見つからない、という人は、2023年にそのトンネル

を脱出できそうです。とはいえ、2020年からのプロセスが「ムダだった」というわけではありません。むしろ、過去2〜3年の体験による学びがあったからこそ、2023年の出会いが実現するのだと思います。人は、生まれながらにして自然に「愛せる」生き物ではありません。思いやりも、愛することも、優しくすることも、全て体験から学んでいくのです。もちろん、他の才能と同様、生まれつき愛する才能に恵まれている人もいますが、たいていの人はいろいろな失敗や自問自答、試行錯誤を繰り返しながら愛を学ぶものです。昨今では愛の失敗により傷つくことを怖れるあまり、愛すること自体を諦める人も少なくないようです。でも、過去2〜3年のあなたの体験は、それが純粋な孤独だったとしても、「新しい気持ちで愛に向かおう！」という意欲の土台となるはずなのです。特に2023年3月末以降、誰かに強烈に惹きつけられることになるかもしれません。突然大恋愛に飛び込んでいく人、熱烈なアプローチを受ける人もいるでしょう。これまで人と関わることに地道な努力を重ねてきた人ほど、この3月以降の「熱量」は大きなものになるかもしれません。

｛ パートナーシップについて ｝

　2020年頃からパートナーとの関係に問題を抱えている人も少なくないはずです。なんとなく距離ができたり、解り合えないテーマが増えたり、お互いが多忙すぎてすれ違ったりと、冷たい空気に悩んでいた人もいるだろうと思います。そんな状態を抜け出せるのが2023年です。特に3月が、関係の大きな転換点になるでしょう。状況を一変させるようなイベントが起こることもあれば、「いつのまにか問題が消え去っている」ような展開も考えられます。また、3月からはこれまでの「疎遠」さが一変して、いきなり「いつも一緒にいる」ような状態になるケースもありそうです。ぎゅっと紐帯が強まり、互いの境界線が曖昧になっていくかもしれません。ここから2043年頃までの中で、「ともにある理由」が次第に濃くなっていくでしょう。

　2012年以降、パートナーが経済的な不安を抱えている場合、あるいはパートナーとのフィジカルな関係に不安がある場合は、その不安の解決に向けて、ごく現実的な取り組みを始められる年でもあります。この取り組みは、すぐに結果が出るようなものではなく、2

年ちょっとかかるかもしれません。コツコツと誠実な努力を重ねるうち、一段一段階段を上るように、問題の本質に近づけます。

｛ 片思い中の人・愛の悩みを抱えている人 ｝

2020年頃から片思いしている人は、この3月以降、アプローチする勇気が湧いてくるかもしれません。あるいは全く別の相手に強く惹きつけられ、完全に新しい愛の世界に身を置くことになる人もいそうです。3月を境に、状況が一変する可能性があるのです。

愛の悩みを抱えている人も、3月頃を目処にその悩みが解決していく可能性があります。また、性的な問題に悩んでいる人は、その問題に正面から取り組むことになるかもしれません。解決には2年強ほどかかるかもしれませんが、その取り組みによって長らく抱えてきた大きな悲しみ、不安が癒されてゆくでしょう。

｛ 家族・子育てについて ｝

「愛の星・金星」は、「子供」とも関係の深い星です。子育て中の人は6月から10月上旬、嬉しい展開に恵ま

れるでしょう。子育てに悩んでいた人ほど、その悩みから脱出する手立てを見つけられるはずです。

　家庭や子育てに関することはどうしても、「第三者に見せたくない」「自分たちだけで解決しなければ」という考え方になりがちですが、2023年は家族ぐるみで「外に出る」ことを試みやすい時期となっています。子供を連れて外に出るのはなかなか大変ですが、「社会」に出てみることで、悩みが陽光に照らされた氷のように、一気に氷解する場合もあります。2023年は特に「外界・たくさんの人がいる世界・社会」に、内なる悩みの解決策が見つかりやすいはずです。

｛ 2023年　愛のターニングポイント ｝

　1月、2月末から3月半ば、6月から10月上旬、11月下旬から年明けにかけて、愛の追い風が吹きます。

　特に6月から10月上旬の「愛の季節」には、思い切ったイメージチェンジを試みると、愛のドラマの流れがガラッと変わるかもしれません。

HOSHIORI

獅子座 2023年の薬箱

もしも悩みを抱えたら

❖2023年の薬箱 〜もしも悩みを抱えたら〜

誰でも日々の生活の中で、迷いや悩みを抱くことがあります。2023年のあなたがもし、悩みに出会ったなら、その悩みの方向性や出口がどのあたりにあるのか、そのヒントをいくつか、考えてみたいと思います。

◈自分の手の中で、コツコツできることがある

自分自身のことではなく、関わっている誰かのことで悩みがちかもしれません。たとえばパートナーの経済状況に不安があったり、関係者の資金繰りが滞ってその影響で自分の経済活動に支障が出たり、といったことが起こるかもしれません。普段他者から当たり前のように受け取っていたものが受け取れなくなる、人から「良くしてもらう」ことで成り立っていた条件が一時的に停止するなどのことが起こる可能性があります。このことを契機として、自分自身の経済力を鍛えようとする人もいるでしょう。ここから2026年頃まで、「人からの応援・支援」はあまり期待できない状況になります。ゆえに「自分自身の力で、どうやって進むか」

を考えることになるのです。このタイミングで突然オファーが少なくなったり、引き合いが減ったりしても、慌てて「元に戻そう！」とする必要はありません。むしろ、自分の手の中でできることをコツコツ進めてゆく時、それを見ていてくれる人がいます。

◆「仲良くする」ことにこだわらない

　2022年8月末から仲間や友達との関係において、摩擦や衝突が多かったかもしれません。この、交友関係がヒートアップしている状況は、3月いっぱいくらいまで続きます。まとめ役としての苦悩を抱え込んでいる人もいるはずですが、ここでは「膿を出し切る」ほうが正解です。3月までは四面楚歌のような気持ちになる人も少なくないだろうと思いますが、春になれば収まります。あまり悲観せず、人の多様さや情念の深さをまずは柔軟に受け止めていくことがポイントです。「仲良くする」ことにこだわらなくて大丈夫です。

2023年のプチ占い（牡羊座〜乙女座）

牡羊座（3/21-4/20生まれ）

年の前半は「約12年に一度のターニングポイント」のまっただ中。新しい世界に飛び込んでいく人、大チャレンジをする人も。6月から10月上旬は「愛の時間」に突入する。フレッシュで楽しい年に。

牡牛座（4/21-5/21生まれ）

仕事や社会的立場にまつわる重圧から解放された後、「約12年に一度のターニングポイント」に入る。何でもありの、自由な1年になりそう。家族愛に恵まれる。「居場所」が美しくゆたかになる年。

双子座（5/22-6/22生まれ）

2022年8月からの「勝負」は3月まで続く。未来へのチケットを手に入れるための熱い闘い。仲間に恵まれる。さらに2026年にかけて社会的に「高い山に登る」プロセスに入る。千里の道も一歩から。

蟹座（6/23-7/23生まれ）

5月までは「大活躍の時間」が続く。社会的立場が大きく変わる人、「ブレイク」を果たす人も。年の後半は交友関係が膨らみ、行動範囲が広がる。未来への新たなビジョン。経済的に嬉しい追い風が吹く。

獅子座（7/24-8/23生まれ）

年の前半は「冒険と学びの時間」の中にある。未知の世界に旅する人、集中的に学ぶ人も。6月から10月上旬まで「キラキラの愛と楽しみの時間」へ。嬉しいことがたくさん起こりそう。人に恵まれる。

乙女座（8/24-9/23生まれ）

年の前半は「大切な人のために勝負する」時間となる。挑戦の後、素晴らしい戦利品を手にできる。年の後半は未知の世界に飛び出していくことになりそう。旅行、長期の移動、新しい学びの季節へ。

（※天秤座〜魚座は P.96）

獅子座 2023年 毎月の星模様

月間占い

◆ 星座と天体の記号

「毎月の星模様」では、簡単なホロスコープの図を掲載していますが、各種の記号の意味は、以下の通りです。基本的に西洋占星術で用いる一般的な記号をそのまま用いていますが、新月と満月は、本書オリジナルの表記です（一般的な表記では、月は白い三日月で示し、新月や満月を特別な記号で示すことはありません）。

♈:牡羊座	♉:牡牛座	♊:双子座
♋:蟹座	♌:獅子座	♍:乙女座
♎:天秤座	♏:蠍座	♐:射手座
♑:山羊座	♒:水瓶座	♓:魚座
☉:太陽	●:新月	○:満月
☿:水星	♀:金星	♂:火星
♃:木星	♄:土星	♅:天王星
♆:海王星	♇:冥王星	
℞:逆行	Ɖ:順行	

◆月間占いのマーク

　また、「毎月の星模様」には、6種類のマークを添えてあります。マークの個数は「強度・ハデさ・動きの振り幅の大きさ」などのイメージを表現しています。マークの示す意味合いは、以下の通りです。

　マークが少ないと「運が悪い」ということではありません。言わば「追い風の風速計」のようなイメージで捉えて頂ければと思います。

★彡　　特別なこと、大事なこと、全般的なこと

✊　　　情熱、エネルギー、闘い、挑戦にまつわること

🏠　　　家族、居場所、身近な人との関係にまつわること

💰　　　経済的なこと、物質的なこと、ビジネスにおける利益

✏️　　　仕事、勉強、日々のタスク、忙しさなど

♥　　　恋愛、好きなこと、楽しいこと、趣味など

1

JANUARY

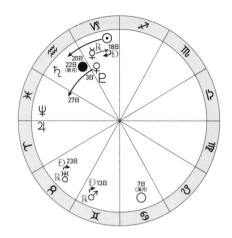

◆**生活のリズムを整える。**

「生活を立て直す」時です。年末年始は生活のリズムが乱れ、体調を崩しやすい時でもありますが、今年は年明け早々、健康的な生活を作ろう！という意欲が湧きそうです。普段当たり前にやっているルーティンを見直し、合理化できます。普段の慢性的不調の原因を探り当てて、根本解決できそうです。

◆**強力な「味方」との出会い。**

「人に恵まれる」時です。公私ともに人間関係に愛が満ちて、楽しくなってきます。人と会う機会が増えますし、人と協力して取り組むべきことがたくさん出てくるでしょう。特に、このところ孤軍奮闘の気持ちを強くしていた人ほど、「ひとりぼっち」

34

の場に援軍が訪れます。周囲の伝統的価値観に縛られたくない人、古いシステムを壊してより自由な活動の場を作りたい人、社会の矛盾と闘っている人が多いはずですが、そんなあなたの思いを理解し、志を同じくする人が現れ、あなたの挑戦に参加してくれそうです。

♥雪解け、春の気配。

素敵な愛の季節です。パートナーがいる人は、愛する人ととてもあたたかな、誠実な時間を過ごせるでしょう。過去2年ほどの中で、ギクシャクする場面やすれ違いなどがあった人は、このタイミングでそれらのことについて改めて語り合い、誤解や行き違いを解消できるかもしれません。「本当はこういう気持ちだったんだ」という対話から、新しい信頼関係が生まれるでしょう。カップルは目上の人や友達の紹介、お見合いなどで一気に話が進む気配が。秋から年明けにかけて少し距離のあった友達から突然アプローチがあり、そこから愛が生まれる、といった展開もあるかもしれません。

▶▶ 1月 全体の星模様 ◀

年末から逆行中の水星が、18日に順行に戻ります。月の上旬から半ば過ぎまでは、物事の展開がスローペースになりそうです。一方、10月末から双子座で逆行していた火星は、13日に順行に転じます。この間モタモタと混乱していた「勝負」は、13日を境に前進し始めるでしょう。この「勝負」は去年8月末からのプロセスですが、3月に向けて一気にラストスパートに入ります。

2

FEBRUARY

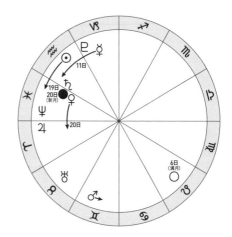

◆**知的で前向きな話し合い。**

対話や交渉に臨む時です。正面からきちんと話し合って、とて
も前向きな結論を出せます。過去には冷静に話せなかったこと
も、今ならきちんと整理して話し合い、建設的な関係を「結び
なおす」ことができます。知的な人物、年の差のある人物との
やりとりを通して、学べることが多そうです。

◆**「得する」ことが多い時。**

経済活動において、嬉しいことが起こります。特に「人から良
くしてもらう」ことが多そうです。オマケがついたり、お土産
やギフトをもらったり、「お得」なことがあったり、特別に道具
やリソースを使わせてもらえることになったりと、「ラッキー！」

と思えるような展開が期待できます。お礼や感謝の気持ちは、いつもよりこってり伝えたいところです。

◆ 大きなステップアップが叶う。

6日前後、普段の頑張りが大きな実を結びそうです。一つの目標を達成したところで、新たな目標へと飛び立てます。

♥ 思いをまっすぐに受け取る。

相手の気遣いや思いやりを深く感じられる時です。「自分のことを真剣に考えてくれている」ということが伝わってきますし、自分を喜ばせたいという思いも、ダイレクトに受け取れるでしょう。普段、遠慮や曲解をしがちな人も、この時期はそうした心のハードルを越えて、「まっすぐに受け取ろう」という気持ちを持ちそうです。愛を探している人は、「話が合う人」に惹かれるようです。年の差や社会的立場のギャップがあっても、それゆえに「話して面白いことが多い」と感じられるかもしれません。均質性の外側に出られる時です。

≫≫ 2月 全体の星模様 ≪

金星が魚座、水星が水瓶座を運行します。両方とも「機嫌のいい」配置で、愛やコミュニケーションがストレートに進展しそうです。6日の獅子座の満月は天王星とスクエア、破壊力抜群です。変わりそうもないものが一気に変わる時です。20日は魚座で新月が起こり、同日金星が牡羊座に移動、木星と同座します。2023年前半のメインテーマに、明るいスイッチが入ります。

MONTHLY HOROSCOPE

3

MARCH

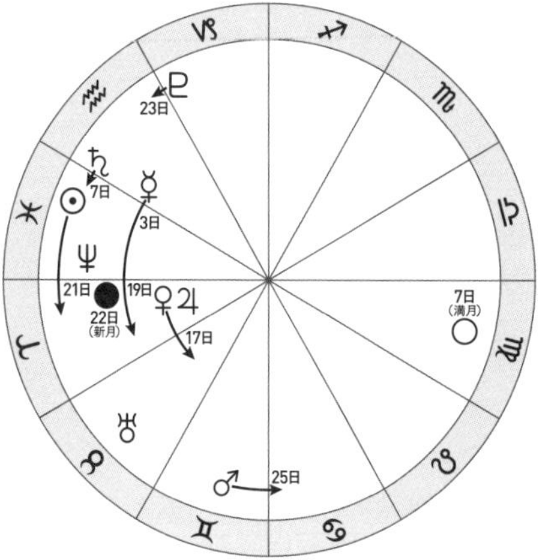

◈人との隔たりが消える。 ♥♥

人間関係における緊張感がふわっとゆるみ、人との距離がぐっと近く感じられるようになるかもしれません。慢性的な孤独感が薄まったり、隔たっていた誰かとの間で誤解が解けたりするかもしれません。「雪解け」のような展開を経て、人への見方が一気に変わりそうです。歩み寄りが始まります。

◈距離を越えて、喜びが来る。 ★★

遠くから朗報が届きそうです。あるいは、楽しい遠出をする機会も増えるでしょう。遠い場所との間に架け橋が架かり、その上を良いもの、面白いもの、愛などが行き来します。また、学ぶことがとても楽しく感じられるでしょう。「勉強している」と

いう意識のないままに、急成長できる時です。

◈計算上の損得を超えた「得」がある。
経済活動において、少々ややこしい状況が生じるかもしれません。思い込みや計算違いなどに気をつけたい時です。損得にこだわりすぎないことで、問題解決が容易になります。

♥愛の関係の、大きな転換期に入る。 ♥ ♥ ♥
「冷たさ」が消えて、「熱」が入ってくる、特別な時間帯です。これまでパートナーに対して心の距離ができていたり、強いストレスを抱えたりしていた人も、今月に入るとそうした冷たい気持ちがほどけて、雪の下に眠っていた地熱のような愛を感じられるでしょう。愛を探しながらなかなか見つけられずにいた人は、「なぜ愛が見つからなかったか」というその理由が見つかり、前向きにハードルを解消できるかもしれません。月末以降、愛について今までと180度の方向転換を始める人も少なくないでしょう。愛の関係の転換期に入ります。

⟫⟩ 3月 全体の星模様 ⟨⟪

今年の中で最も重要な転換点です。土星が水瓶座から魚座へ、冥王星が山羊座から水瓶座へと移動します。冥王星は6月に一旦山羊座に戻りますが、今月が「終わりの始まり」です。多くの人が長期的なテーマの転換を経験するでしょう。去年8月下旬から双子座に滞在していた火星も冥王星の翌々日25日に蟹座に抜けます。この月末は、熱い時代の節目となりそうです。

4
APRIL

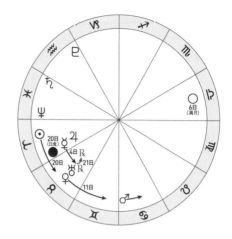

◆**仲間との関係の好転。**　　　　　　　　

去年8月下旬頃から、仲間や友達との間で摩擦や衝突が多かったなら、今月は一転して、愛情溢れる関わりに包まれそうです。優しい友情の関係を楽しめますし、チームワークもとてもスムーズなものになりそうです。仲間同士の協力関係を再構築する作業に取り組む人も。建設的に関われる時です。

◆**「隠れた敵」を倒す時間。**　　　　　　　✊✊

「隠れた敵と闘う」時間に入ります。「隠れた敵」は文字通り、密かに邪魔をしてくる人かもしれませんし、あるいは自分の前進を阻む「もう一人の自分」なのかもしれません。コンプレックスや妬み、罪悪感、自責の念、認知の歪みなど、自分を縛る目

に見えない心の鎖を、ここから5月にかけて粉砕することができそうです。自分の心の「悪いクセ」に気づいている人は、そのクセと新しい形で向き合えそうです。

◉「遠出」の季節のピーク。
2023年前半のテーマである「冒険と学び」がクライマックスを迎えます。このタイミングで大事な遠征をする人も。

♥「新しい声」が聞こえる時。 ♥ ♥
爽やかな追い風が吹く時期です。カップルはお互いへのリスペクトが強まるような、素敵なシーンがたくさんありそうです。人間的な信頼関係が深まり、紐帯が強くなります。フリーの人は友達との関係の中からナチュラルに恋愛が生まれる、といった展開が期待できます。また、20日前後はかなり特徴的な出来事が起こるかもしれません。これまでに全く経験のないような形で、心の扉を強く叩いたり、叩かれたりする気配があります。新しい声に耳を傾けたい時です。

》》 4月 全体の星模様 《

昨年8月下旬から火星が位置した双子座に11日、金星が入ります。さらに水星は21日からの逆行に向けて減速しており、「去年後半から3月までガンガン勝負していたテーマに、ふんわりとおだやかな時間がやってくる」ことになりそうです。半年以上の激闘を労うような、優しい時間です。20日、木星が位置する牡羊座で日食が起こります。特別なスタートラインです。

MONTHLY
HOROSCOPE

5

MAY

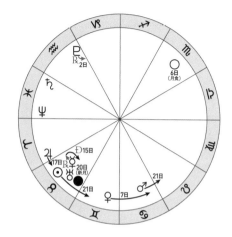

◆**月の半ば、キャリアの大転機へ。**

月の半ばまでは少しスローペースですが、半ばを過ぎると一気に「大活躍の季節」に突入します。ここから2024年5月までの中で、キャリアの大転換、社会的立場の変化を経験する人が少なくないはずです。高い目標を掲げ、約1年ほどをかけて達成できます。ブレイクスルーの時間帯です。

◆**優しくしあうことの大切さ。** ♥

人に優しくできますし、人から優しくしてもらえます。サポートやケアが、生活の中で重要性を増します。利害関係やギブアンドテイクといった考え方を超えて、人が人を思いやるということの根源的な意味を実感できる時です。普段強がってしまい

がちな人も、ここでは敢えて人の手を借りることで、状況が好転するかもしれません。弱みを見せて。

◆ 自分自身との闘いも始まる。

21日以降、熱い勝負が始まります。既に木星の「大活躍の季節」に入っていますが、そこに「闘い・チャレンジ」の要素が加わります。かなり大胆な選択ができそうです。

♥ 愛のためにできること。

愛する人のために何ができるか、というテーマが意識に上りそうです。相手が期待していること、今必要としているサポートの内容等が、普段よりもビビッドに伝わってきます。「自分がやるべきこと」の中で、愛する人へのサポートやケアが、いつもより大きなシェアを占めるようになるかもしれません。愛を探している人は、「助け合い」の中で愛が生まれる気配があります。自分の弱さを認めることで、相手の弱さを理解できるようになり、そこから愛が芽生える可能性が。

≫≫ 5月 全体の星模様

3月に次いで、節目感の強い月です。まず6日、蠍座で月食が起こります。天王星と180度、この日の前後にかなりインパクトの強い変化が起こるかもしれません。15日に逆行中の水星が順行へ、17日に木星が牡羊座から牡牛座に移動します。これも非常に強い「節目」の動きです。約1年の流れがパッと変わります。21日、火星と太陽が星座を移動し、全体にスピード感が増します。

6

JUNE

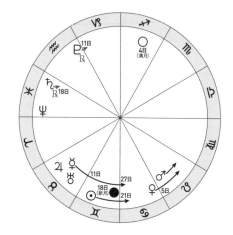

◆**熱く楽しい季節の到来。**

情熱の星・火星と愛の星・金星が揃ってあなたのもとに巡って
きます。文字通り「愛と情熱の季節」の到来です。楽しいこと
がたくさん起こりますし、あなたの中にも情熱が燃え、パワフ
ルに活動できそうです。かなり真面目な提案や重大なオファー
が寄せられ、真剣勝負を始める人もいるはずです。

◆**仲間内でのポジションが変わる。**

交友関係に爽やかなスポットライトが当たります。仲間との関
わりが緊密になりそうですし、特に自分より年若い人々との交
流が楽しく感じられるでしょう。あるいは、年齢が上の人々と
の関わりの中で、自分の「若さ」を実感する人もいるかもしれ

ません。新しい友達ができたり、仲間の人数が増えたりする中で、果たすべき役割が少なからず変わる気配も。

◆イライラしたら、エクササイズを。

何か新しいことを始めたくなりそうです。「何もやりたいことがない」という人は、不思議な苛立ちを感じるかも。そんな時は身体を動かすと、エネルギーを発散できそうです。

♥文字通りの「愛と情熱」の時間。 ♥ ♥ ♥

1カ月を通して「愛と情熱の季節」です。恋愛に強い追い風が吹き、フリーの人もカップルも、ドラマティックな愛を生きられるでしょう。愛を探している人は特に、自分からアクションを起こすことがポイントです。また、4日前後「愛が満ちる・実る」ような出来事が起こります。3月末頃から愛について、不思議な緊張感や切迫感を抱いていた人は、中旬以降にその思いが多少ゆるみます。他者に対してあなた自身が求めるものが、少なからず変わり始めているようです。

≫ 6月 全体の星模様

火星と金星が獅子座に同座し、熱量が増します。特に3月末から蟹座にあった火星はくすぶっているような状態にあったので、6月に入ると雨が上がってからっと晴れ上がるような爽快さが感じられるかもしれません。牡牛座に入った木星は魚座の土星と60度を組み、長期的な物事を地に足をつけて考え、軌道に乗せるような流れが生まれます。全体に安定感のある月です。

MONTHLY
HOROSCOPE

7

JULY

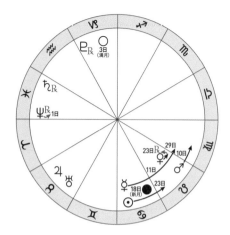

◆「熱」が引いて、楽しくなる。　　　　♥ ♥ ♥

5月下旬からの熱い「勝負の時間」が10日を境に一段落します。中旬から下旬は一転して、とても爽やかで楽しい雰囲気に包まれるでしょう。6月に愛と豊かさの星・金星が入りましたが、この星は10月上旬まであなたのもとに滞在します。楽しむこと、喜びを作ることに意識を向けたい時です。

◆目標達成のために、必要なもの。　　　¥ ¥ ¥

中旬以降、経済活動が活性化します。特に5月頃から大きな目標に向けてチャレンジしたり、社会的ポジションを変えようとしたりしている人が多いはずですが、そのために必要な資金や道具、手立て、手段を整えることができます。調達、物流、資

金繰り、経理といったテーマに光が当たります。外部からは見えないところに「力」を蓄えることができる時です。

◈地道な努力が「効く」瞬間。

3日前後、これまでコツコツ頑張ってきたことが一気に花開くような出来事が起こります。ジャンプアップの時です。

♥長丁場の「愛の時間」。知性が光る。 ♥♥♥

前述の通り、愛の星・金星が10月上旬まであなたに味方してくれています。10日までは情熱の星・火星もあなたのもとにあって、カップルもフリーの人も引き続き、ドラマティックな時間を生きることになるはずです。中旬以降はフレッシュで知的な雰囲気が出てきます。愛の勢いの中に知的好奇心やコミュニケーションの面白さがきらめき、動きや変化を感じられそうです。愛を探している人は、情報力を活かしたい時です。日常の中でできるだけ新しいものに触れ、ぴんと来るものに身軽にアプローチするスタンスが功を奏します。

7月 全体の星模様

10日に火星が獅子座から乙女座へ、11日に水星が蟹座から獅子座へ移動します。火星が抜けた獅子座に金星と水星が同座し、とても爽やかな雰囲気に包まれます。5月末から熱い勝負を挑んできたテーマが、一転してとても楽しく軽やかな展開を見せるでしょう。一方、乙女座入りした火星は土星、木星と「調停」の形を結びます。問題に正面から向き合い、解決できます。

MONTHLY
HOROSCOPE

8

AUGUST

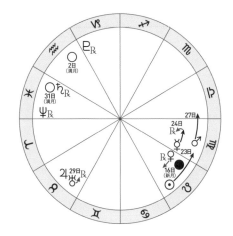

◆**ゆっくりじっくり、味わって楽しむ。**　🖤 🖤

キラキラの楽しい時間が続いています。ただ、このタイミング
では少し物事の展開がスローに感じられるかもしれません。主
体的に新しいことを始められる時ではあるのですが、芽が出た
り、反応を得られたりするまでに、想像よりも時間がかかる気
配があるのです。ゆっくりじっくり楽しむ姿勢で。

◆**経済面でも、長期的視野に立つ。**　💴 💴

7月に続き、経済活動が熱く活性化しています。欲しいものを
ガンガン手に入れられますし、手に入れたものを非常に上手に
運用・活用できます。この時期の経済活動には、情報力と実務
能力がとても重要です。細かい戦略を立てて動くほど、大きな

48

成果を得られます。また、物事をできるだけ長期的に考えることも大事です。勢いのある時ではあるのですが、「目先の利益」だけにこだわると、取りこぼしも。

♥迷路のようでも、本質的には絶好調。

愛の星・金星は引き続きあなたのもとにありますが、この時期は展開が少し複雑になるかもしれません。さくさくストーリーが進むというよりは、ラブコメのようにハプニングや行き違いなどが起こり、不安になる場面もあるのではないかと思います。ですが、まさにラブコメのように、ハプニング自体は本質的な問題ではありません。そこにちゃんと愛がありますし、イレギュラーな事態を乗り越えることで、お互いへの理解や思いが深まります。愛を探している人は「過去から蘇るもの」があるかもしれません。失ったと思った愛が復活したり、懐かしい人との再会から愛が生まれたりする気配が。2日前後、大切な人との関係が大きく進展します。16日前後は、愛についても大事なスタートを切れそうです。

> 8月 全体の星模様

乙女座に火星と水星が同座し、忙しい雰囲気に包まれます。乙女座は実務的な星座で、この時期多くの人が「任務」にいつも以上に注力することになりそうです。一方、獅子座の金星は逆行しながら太陽と同座しています。怠けたりゆるんだりすることも、今はとても大事です。2日と31日に満月が起こりますが、特に31日の満月は土星と重なり、問題意識が強まりそうです。

MONTHLY
HOROSCOPE

9

SEPTEMBER

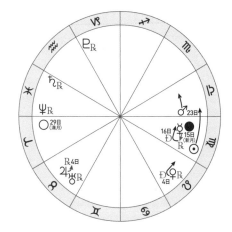

◆ややこしい問題も、スパッと解決。

難題にチャレンジしている人、ややこしい利害関係の調整を試みている人もいるはずですが、今は非常にシャープかつ大胆に問題解決していけます。率直で熱のあるコミュニケーションを駆使し、積極的に働きかけて、こじれた状況を正常化できるのです。フットワークで勝負できる、活発な時です。

◆経済活動における振り返り、新たなスタート。

経済活動において過去2カ月ほど、多少荒っぽい前進を続けてきた人もいるはずですが、その「荒っぽい」部分を振り返って整地・整理するような作業がこの9月前半に発生しそうです。一時的にお金やものについて混乱や停滞も生じるかもしれません

が、月の半ばには回復するでしょう。特に15日・16日頃に目に見えた経済的好転が起こりそうです。このタイミングで新しい経済活動をスタートさせる人も。

◈無理せず自然体で、楽しく過ごす。

先月の不思議なスローペースから、今月に入るとすうっと回復します。先月少し怠け気味になってしまったり、だらけてしまったりした人も、9月に入るとなんとなく気持ちが明るくなり、少しずつ意欲的になれるでしょう。無理に気合いを入れる必要はありません。リラックスして、自然体で。

♥スムーズな好調さが戻る。とにかく動いて。 ♥♥♥

先月の「複雑な展開」が9月に入るとぐっとスムーズに、わかりやすくなります。8月に関係がこじれた人ほど、その仲直り・リカバリによって一気に愛のドラマが勢いを増すでしょう。愛を探している人も、チャンスを掴みやすい時です。犬も歩けば棒に当たる、とにかく動き回ってみて。

≫ 9月 全体の星模様

月の前半、水星が乙女座で逆行します。物事の振り返りややり直しに見るべきものが多そうです。15日に乙女座で新月、翌16日に水星順行で、ここが「節目」になるでしょう。物事がスムーズな前進に転じます。8月に逆行していた金星も4日、順行に戻り、ゆるみがちだったことがだんだん好調になってきます。火星は天秤座で少し不器用に。怒りのコントロールが大切です。

MONTHLY
HOROSCOPE

10

OCTOBER

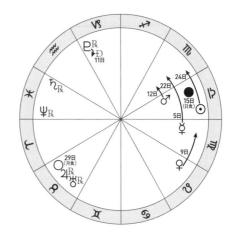

◆気持ちが引き締まり、気合いが入る。

月の上旬は周囲のゴタゴタに巻き込まれたり、あれこれ議論し
たりする状況かもしれませんが、月の中旬に入るときりっと雰
囲気が引き締まり、物事の流れがスムーズになります。過去数
カ月の間少しゆるみがちだった人も、今月中旬からは気合いが
入り、目標に向かってまっすぐ進めそうです。

◆挑戦のための「土台」作り。　🏠🏠🏠

12日「居場所が動く」時間に入ります。引っ越しや少し早めの
大掃除、家族構成の変化など「いつもの景色」がガツンと変わ
りそうです。5月頃から仕事や社会的な活動において大きな目
標を追いかけている人が少なくないはずですが、そのチャレン

52

ジに必要な環境をここで整え始める、という人もいるかもしれません。仕事場を整備したり、家族や身近な人の協力を要請したり、挑戦のための「土台作り」ができそうです。

◆お金については、細かいところまで確認する。　¥¥

経済活動に勢いが出ます。欲しいものが手に入りますし、収入が増える人もいるでしょう。ビジネスでも非常に「イイ取引」ができそうです。ただ、お金の流れにまつわる計算がズレがちだったり、契約条件について間違った思い込みがあったりしやすい気配も。細部まできちんと確かめて。

♥愛を取り巻く、物理的条件。　　　　　　　　♥

6月半ばからの「愛の季節」が9日で一段落します。月の上旬はまだまだ、楽しいことや嬉しいことが多いでしょう。中旬以降は、これまでに見つけた愛の芽を成長軌道に乗せる作業に入ります。愛する人と二人で暮らし始める人もいるはずです。物理的な環境、経済的な条件を丁寧に調整して。

》 10月 全体の星模様 《

獅子座の金星が9日に乙女座へ、天秤座の火星が12日に蠍座へ、それぞれ移動します。月の上旬は前月の雰囲気に繋がっていますが、中旬に入る頃にはガラッと変わり、熱いチャレンジの雰囲気が強まるでしょう。15日、天秤座で日食が起こります。人間関係の大きな転換点です。月末には木星の近くで月食、2023年のテーマの「マイルストーン」的な出来事の気配が。

MONTHLY
HOROSCOPE

11

NOVEMBER

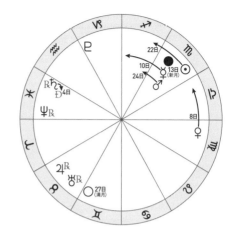

◆対外的活躍のための、生活の条件。

24日まで「居場所が動く」時間です。住環境や家族関係の変化
が起こる時なのですが、特に5月以来の一大チャレンジ、キャ
リアにおける変化を、生活の条件に「擦り合わせる」ような作
業が発生しているのかもしれません。物理的にも人間関係的に
も、「頑張るための環境作り」ができそうです。

◆話しかけて、味方を増やす。 ♥ ♥

素晴らしいコミュニケーションの時間です。素敵な人たちとの
楽しい会話が弾みますし、あちこちから嬉しいメッセージが届
きます。自分からもいろいろな人にコンタクトを取って、世界
を広げられるでしょう。特に、このところ取り組んでいること

について、親しい人に知ってもらうことが必要なのかもしれません。協力要請をしたわけではなくとも、情報共有しただけで、さりげないサポートや応援を受けられそうです。人の好意を信じて語りかけるほど、味方が増えます。

◈ 楽しみながら学ぶ。
「好きでする勉強」が捗ります。好きなことについて学ぶ時には「勉強している」という意識が湧かないこともよくあります。スポンジのように知識をどんどん吸収し、楽しめます。ただ、教科書や先生の選定は、少し慎重に。

♥ 月末以降、情熱の波が押し寄せる。　　　♥ ♥
愛の世界でもコミュニケーションがきらめきます。カップルはおしゃべりが盛り上がり、デートもとても楽しくなります。愛を探している人は、身近なところに愛が見つかる気配が。兄弟姉妹や家族を介しての出会い、地域コミュニティのイベントでの出会いなどが有望です。月末から一気に情熱の波が。

≫ 11月 全体の星模様 ≪

火星は24日まで蠍座に、金星は8日から天秤座に入ります。どちらも「自宅」の配置で、パワフルです。愛と情熱、人間関係と闘争に関して、大きな勢いが生まれるでしょう。他者との関わりが密度を増します。水星は10日から射手座に入りますが、ここでは少々浮き足立つ感じがあります。特に、コミュニケーションや交通に関して、「脱線」が生じやすいかもしれません。

12

DECEMBER

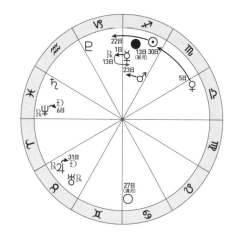

◆**才能や個性を、全力でぶつける。**　👊👊👊

好きなこと、やりたいことにガンガン打ち込める時です。趣味
や遊びにも熱が入りますし、クリエイティブな活動をしている
人には特別なチャンスが巡ってくるでしょう。また、仕事や対
外的な活動において、自分独自のアイデアを活かしたり、才能
をぶつけたりすることができる時でもあります。

◆**「居場所」に楽しみがある。**　🏠🏠

家族や身近な人との関係が、愛に溢れます。家で過ごす時間が
とても楽しく感じられるでしょうし、一人暮らしの人もなにか
しら、自宅での楽しみを見つけられそうです。居場所を美しく
したい、という思いが強まり、新しい家具や家電を導入する人

も少なくないでしょう。「外に出なければ！」と思ってもなんとなく家でダラダラしてしまう、といった場面もあるかもしれません。心の中の充たされない部分を、居場所で過ごす時間がチャージしてくれます。2023年後半は対外的な活動が多く、疲れ気味の人も多いはずです。この年末はじっくり英気を養う、というのも一案です。

◈ 細部に神が宿る。

仕事場や暮らしの中で、丁寧な確認や見直し、やり直しが増えるかもしれません。故障したものを修理する展開も。

♥ 情熱的な愛の季節。

愛の情熱が燃える、素晴らしい季節です。自分からどんどん動くことで、愛のドラマが進展します。愛を探している人は特に、クリスマスパーティーや忘年会などで、出会いの気配が。カップルは家で二人きりで過ごす、というシチュエーションで愛が育つようです。ぬくぬく過ごせる環境を整えて。

≫ 12月 全体の星模様 ≪

火星は射手座に、金星は蠍座に、水星は山羊座に入ります。年末らしく忙しい雰囲気です。経済は沸騰気味、グローバルなテーマが注目されそうです。13日が転換点で射手座の新月、水星が逆行開始です。ここまで外へ外へと広がってきたものが、一転して内向きに展開し始める可能性も。27日、蟹座の満月は水星、木星と小三角を組み、今年1年の「まとめ」を照らし出します。

HOSHIORI

月と星で読む
獅子座 365日のカレンダー

◆月の巡りで読む、12 種類の日。

　毎日の占いをする際、最も基本的な「時計の針」となるのが、月の動きです。「今日、月が何座にいるか」がわかれば、今日のあなたの生活の中で、どんなテーマにスポットライトが当たっているかがわかります（P.64からの「365日のカレンダー」に、毎日の月のテーマが書かれています。☽マークは新月や満月など、◆マークは星の動きです）。

　本書では、月の位置による「その日のテーマ」を、右の表のように表しています。

　月は1ヵ月で12星座を一回りするので、一つの星座に2日半ほど滞在します。ゆえに、右の表の「〇〇の日」は、毎日変わるのではなく、2日半ほどで切り替わります。

　月が星座から星座へと移動するタイミングが、切り替えの時間です。この「切り替えの時間」はボイドタイムの終了時間と同じです。

1. **スタートの日**：物事が新しく始まる日。
「仕切り直し」ができる、フレッシュな雰囲気の日。

2. **お金の日**：経済面・物質面で動きが起こりそうな日。
自分の手で何かを創り出せるかも。

3. **メッセージの日**：素敵なコミュニケーションが生まれる。
外出、勉強、対話の日。待っていた返信が来る。

4. **家の日**：身近な人や家族との関わりが豊かになる。
家事や掃除など、家の中のことをしたくなるかも。

5. **愛の日**：恋愛他、愛全般に追い風が吹く日。
好きなことができる。自分の時間を作れる。

6. **メンテナンスの日**：体調を整えるために休む人も。
調整や修理、整理整頓、実務などに力がこもる。

7. **人に会う日**：文字通り「人に会う」日。
人間関係が活性化する。「提出」のような場面も。

8. **プレゼントの日**：素敵なギフトを受け取れそう。
他人のアクションにリアクションするような日。

9. **旅の日**：遠出することになるか、または、
遠くから人が訪ねてくるかも。専門的学び。

10. **達成の日**：仕事や勉強など、頑張ってきたことについて、
何らかの結果が出るような日。到達。

11. **友だちの日**：交友関係が広がる、賑やかな日。
目指している夢や目標に一歩近づけるかも。

12. **ひみつの日**：自分一人の時間を持てる日。
自分自身としっかり対話できる。

◆ 太陽と月と星々が巡る「ハウス」のしくみ。

　前ページの、月の動きによる日々のテーマは「ハウス」というしくみによって読み取れます。

　「ハウス」は、「世俗のハウス」とも呼ばれる、人生や生活の様々なイベントを読み取る手法です。12星座の一つ一つを「部屋」に見立て、そこに星が出入りすることで、その時間に起こる出来事の意義やなりゆきを読み取ろうとするものです。

　自分の星座が「第1ハウス」で、そこから反時計回りに12まで数字を入れてゆくと、ハウスの完成です。

第1ハウス：「自分」のハウス
第2ハウス：「生産」のハウス
第3ハウス：「コミュニケーション」のハウス
第4ハウス：「家」のハウス
第5ハウス：「愛」のハウス
第6ハウス：「任務」のハウス
第7ハウス：「他者」のハウス
第8ハウス：「ギフト」のハウス
第9ハウス：「旅」のハウス
第10ハウス：「目標と結果」のハウス
第11ハウス：「夢と友」のハウス
第12ハウス：「ひみつ」のハウス

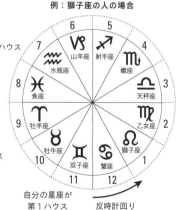

例：獅子座の人の場合

自分の星座が
第1ハウス

反時計回り

たとえば、今日の月が射手座に位置していたとすると、この日は「第5ハウスに月がある」ということになります。

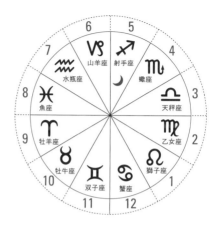

前々ページの「〇〇の日」の前に打ってある数字は、実はハウスを意味しています。「第5ハウスに月がある」日は、「5. 愛の日」です。

太陽と月、水星から海王星までの惑星、そして準惑星の冥王星が、この12のハウスをそれぞれのスピードで移動していきます。「どの星がどのハウスにあるか」で、その時間のカラーやそのとき起こっていることの意味を、読み解くことができるのです。詳しくは『星読み+ 2022〜2032年データ改訂版』（幻冬舎コミックス刊）、または『月で読むあしたの星占い』（すみれ書房刊）でどうぞ！

1 ・JANUARY・

1	日	旅の口 ▶ 達成の日　　　　　　　　　　　　　[ボイド 〜02:10] 意欲が湧く。はっきりした成果が出る時間へ。
2	月	達成の日 目標に手が届く。結果が出る日。人から認められる場面も。
3	火	達成の日 ▶ 友だちの日　　　　　　　　　[ボイド 07:17〜11:46] 肩の力が抜け、伸びやかな気持ちになれる。 ◆金星が「他者」のハウスへ。人間関係から得られる喜び。愛ある パートナーシップ。
4	水	友だちの日 未来のプランを立てる。友だちと過ごせる。チームワーク。
5	木	友だちの日 ▶ ひみつの日　　　　　　　　[ボイド 09:09〜23:16] ざわめきから少し離れたくなる。自分の時間。
6	金	ひみつの日 一人の時間。過去を振り返り、戦略を練る。自分を大事にする。
7	土	○ひみつの日 一人の時間。過去を振り返り、戦略を練る。自分を大事にする。 ☽「ひみつ」のハウスで満月。時間をかけて治療してきた傷が癒える。 自他を赦し赦される。
8	日	ひみつの日 ▶ スタートの日　　　　　　　[ボイド 07:25〜11:42] 新しいことを始めやすい時間に切り替わる。
9	月	スタートの日 主役の意識で動く。新しい選択肢を選べる。気持ちが切り替わる。
10	火	スタートの日　　　　　　　　　　　　　　　[ボイド 10:54〜] 主役の意識で動く。新しい選択肢を選べる。気持ちが切り替わる。
11	水	スタートの日 ▶ お金の日　　　　　　　　[ボイド 〜00:17] 物質面・経済活動が活性化する時間に入る。
12	木	お金の日 いわゆる「金運がいい」日。実入りが良く、いい買い物もできそう。
13	金	お金の日 ▶ メッセージの日　　　　　　　[ボイド 08:08〜11:58] 「動き」が出てくる。コミュニケーションの活性。 ◆火星が「夢と友」のハウスで順行へ。交友関係が再び活性化へ。 熱いチームワークを育てる。
14	土	メッセージの日 待っていた朗報が届く。勉強が捗る。外に出たくなる日。
15	日	◑メッセージの日 ▶ 家の日　　　　　　　[ボイド 17:41〜21:10] 生活環境や身内に目が向かう。原点回帰。
16	月	家の日 「普段の生活」が充実。身内との関係強化。環境改善ができる。

17 火
家の日　　　　　　　　　　　　　　　　　　［ボイド 23:29〜］
「普段の生活」が充実。身内との関係強化。環境改善ができる。

18 水
家の日 ▶ 愛の日　　　　　　　　　　　　　　　［ボイド 〜02:35］
愛の追い風が吹く。好きなことができる。
◆水星が「任務」のハウスで順行へ。体調が整い、やるべきことがはっきり見えてくる。

19 木
愛の日　　　　　　　　　　　　　　　　　　［ボイド 19:10〜］
愛について嬉しいことがある。子育て、趣味、創作にも追い風が。

20 金
愛の日 ▶ メンテナンスの日　　　　　　　　　　　［ボイド 〜04:13］
「やりたいこと」から「やるべきこと」へのシフト。
◆太陽が「他者」のハウスへ。1年のサイクルの中で人間関係を「結び直す」とき。

21 土
メンテナンスの日
生活や心身の故障部分を修理できる。ケアしたり、されたり。

22 日
●メンテナンスの日 ▶ 人に会う日　　　　　　　［ボイド 00:54〜03:30］
「自分の世界」から「外界」へ出るような節目。
☽「他者」のハウスで新月。出会いのとき。誰かとの関係が刷新。未来への約束を交わす。

23 月
人に会う日　　　　　　　　　　　　　　　　［ボイド 19:21〜］
人に会ったり、会う約束をしたりする日。出会いの気配も。
◆天王星が「目標と結果」のハウスで順行へ。行動の準備が整う。目標に向かって殻を破れる。

24 火
人に会う日 ▶ プレゼントの日　　　　　　　　　［ボイド 〜02:37］
他者との関係に、さらに一歩踏み込めるように。

25 水
プレゼントの日
人から貴重なものを受け取れる。提案を受ける場面も。

26 木
プレゼントの日 ▶ 旅の日　　　　　　　　　　［ボイド 01:13〜03:50］
遠い場所との間に、橋が架かり始める。

27 金
旅の日
遠出したり、遠くから人が訪ねてくれたりする日。発信力も増す。
◆金星が「ギフト」のハウスへ。欲望の解放と調整、他者への要求、他者からの要求。甘え。

28 土
旅の日 ▶ 達成の日　　　　　　　　　　　　［ボイド 06:03〜08:44］
意欲が湧く。はっきりした成果が出る時間へ。

29 日
◑達成の日
目標に手が届く。結果が出る日。人から認められる場面も。

30 月
達成の日 ▶ 友だちの日　　　　　　　　　　［ボイド 14:54〜17:36］
肩の力が抜け、伸びやかな気持ちになれる。

31 火
友だちの日
未来のプランを立てる。友だちと過ごせる。チームワーク。

2 ·FEBRUARY·

| 1 | 水 | 友だちの日 [ボイド 21:00〜] |
| | | 未来のプランを立てる。友だちと過ごせる。チームワーク。 |

| 2 | 木 | 友だちの日 ▶ ひみつの日 [ボイド 〜05:13] |
| | | ざわめきから少し離れたくなる。自分の時間。 |

| 3 | 金 | ひみつの日 |
| | | 一人の時間。過去を振り返り、戦略を練る。自分を大事にする。 |

| 4 | 土 | ひみつの日 ▶ スタートの日 [ボイド 15:21〜17:50] |
| | | 新しいことを始めやすい時間に切り替わる。 |

| 5 | 日 | スタートの日 |
| | | 主役の意識で動く。新しい選択肢を選べる。気持ちが切り替わる。 |

6	月	○スタートの日 [ボイド 23:17〜]
		主役の意識で動く。新しい選択肢を選べる。気持ちが切り替わる。
		☾「自分」のハウスで満月。現在の自分を受け入れられる。誰かに受け入れてもらえる。

| 7 | 火 | スタートの日 ▶ お金の日 [ボイド 〜06:16] |
| | | 物質面・経済活動が活性化する時間に入る。 |

| 8 | 水 | お金の日 |
| | | いわゆる「金運がいい」日。実入りが良く、いい買い物もできそう。 |

| 9 | 木 | お金の日 ▶ メッセージの日 [ボイド 15:42〜17:48] |
| | | 「動き」が出てくる。コミュニケーションの活性。 |

| 10 | 金 | メッセージの日 |
| | | 待っていた朗報が届く。勉強が捗る。外に出たくなる日。 |

11	土	メッセージの日
		待っていた朗報が届く。勉強が捗る。外に出たくなる日。
		◆水星が「他者」のハウスへ。正面から向き合う対話。調整のための交渉。若い人との出会い。

| 12 | 日 | メッセージの日 ▶ 家の日 [ボイド 01:43〜03:36] |
| | | 生活環境や身内に目が向かう。原点回帰。 |

| 13 | 月 | 家の日 |
| | | 「普段の生活」が充実。身内との関係強化。環境改善ができる。 |

| 14 | 火 | ●家の日 ▶ 愛の日 [ボイド 08:54〜10:33] |
| | | 愛の追い風が吹く。好きなことができる。 |

| 15 | 水 | 愛の日 |
| | | 愛について嬉しいことがある。子育て、趣味、創作にも追い風が。 |

| 16 | 木 | 愛の日 ▶ メンテナンスの日 [ボイド 10:07〜14:01] |
| | | 「やりたいこと」から「やるべきこと」へのシフト。 |

| 17 | 金 | メンテナンスの日 |
| | | 生活や心身の故障部分を修理できる。ケアしたり、されたり。 |

18 土 メンテナンスの日 ▶ 人に会う日   [ボイド 13:19〜14:36]
「自分の世界」から「外界」へ出るような節目。

19 日 人に会う日
人に会ったり、会う約束をしたりする日。出会いの気配も。
◆太陽が「ギフト」のハウスへ。1年のサイクルの中で経済的授受
のバランスを見直すとき。

20 月 ●人に会う日 ▶ プレゼントの日   [ボイド 11:02〜13:58]
他者との関係に、さらに一歩踏み込めるように。
🌙「ギフト」のハウスで新月。心の扉を開く。誰かに導かれての経験。
ギフトから始まること。◆金星が「旅」のハウスへ。楽しい旅の始まり、
旅の仲間。研究の果実。距離を越える愛。

21 火 プレゼントの日
人から貴重なものを受け取れる。提案を受ける場面も。

22 水 プレゼントの日 ▶ 旅の日   [ボイド 13:07〜14:15]
遠い場所との間に、橋が架かり始める。

23 木 旅の日
遠出したり、遠くから人が訪ねてくれたりする日。発信力も増す。

24 金 旅の日 ▶ 達成の日   [ボイド 16:23〜17:31]
意欲が湧く。はっきりした成果が出る時間へ。

25 土 達成の日
目標に手が届く。結果が出る日。人から認められる場面も。

26 日 達成の日   [ボイド 23:44〜]
目標に手が届く。結果が出る日。人から認められる場面も。

27 月 ●達成の日 ▶ 友だちの日   [ボイド 〜00:49]
肩の力が抜け、伸びやかな気持ちになれる。

28 火 友だちの日
未来のプランを立てる。友だちと過ごせる。チームワーク。

3 ·MARCH·

1	水	友だちの日 ▶ ひみつの日	[ボイド 10:09〜11:42]

1 水
友だちの日 ▶ ひみつの日　[ボイド 10:09〜11:42]
ざわめきから少し離れたくなる。自分の時間。

2 木
一人の時間。過去を振り返り、戦略を練る。自分を大事にする。

3 金
ひみつの日　[ボイド 23:24〜]
一人の時間。過去を振り返り、戦略を練る。自分を大事にする。
◆水星が「ギフト」のハウスへ。利害のマネジメント。コンサルテーション。カウンセリング。

4 土
ひみつの日 ▶ スタートの日　[ボイド 〜00:17]
新しいことを始めやすい時間に切り替わる。

5 日
スタートの日
主役の意識で動く。新しい選択肢を選べる。気持ちが切り替わる。

6 月
スタートの日 ▶ お金の日　[ボイド 12:20〜12:40]
物質面・経済活動が活性化する時間に入る。

7 火
○お金の日
いわゆる「金運がいい」日。実入りが良く、いい買い物もできそう。
☽「生産」のハウスで満月。経済的・物質的な努力が実り、収穫が得られる。豊かさ、満足。◆土星が「ギフト」のハウスへ。以降約2年半で、他者との経済的・物質的関係を新たに築く。

8 水
お金の日 ▶ メッセージの日　[ボイド 23:09〜23:46]
「動き」が出てくる。コミュニケーションの活性。

9 木
メッセージの日
待っていた朗報が届く。勉強が捗る。外に出たくなる日。

10 金
メッセージの日
待っていた朗報が届く。勉強が捗る。外に出たくなる日。

11 土
メッセージの日 ▶ 家の日　[ボイド 08:38〜09:07]
生活環境や身内に目が向かう。原点回帰。

12 日
家の日
「普段の生活」が充実。身内との関係強化。環境改善ができる。

13 月
家の日 ▶ 愛の日　[ボイド 16:00〜16:22]
愛の追い風が吹く。好きなことができる。

14 火
愛の日
愛について嬉しいことがある。子育て、趣味、創作にも追い風が。

15 水
①愛の日 ▶ メンテナンスの日　[ボイド 17:52〜21:07]
「やりたいこと」から「やるべきこと」へのシフト。

16 木
メンテナンスの日
生活や心身の故障部分を修理できる。ケアしたり、されたり。

17 金
メンテナンスの日 ▶ 人に会う日 　　　　　　　　[ボイド 23:15〜23:27]
「自分の世界」から「外界」へ出るような節目。
◆金星が「目標と結果」のハウスへ。目標達成と勲章。気軽に掴めるチャンス。嬉しい配役。

18 土
人に会う日
人に会ったり、会う約束をしたりする日。出会いの気配も。

19 日
人に会う日 　　　　　　　　　　　　　　　　[ボイド 19:35〜]
人に会ったり、会う約束をしたりする日。出会いの気配も。
◆水星が「旅」のハウスへ。軽やかな旅立ち。勉強や研究に追い風が。導き手に恵まれる。

20 月
人に会う日 ▶ プレゼントの日 　　　　　　　　[ボイド 〜00:14]
他者との関係に、さらに一歩踏み込めるように。

21 火
プレゼントの日
人から貴重なものを受け取れる。提案を受ける場面も。
◆太陽が「旅」のハウスへ。1年のサイクルの中で「精神的成長」を確認するとき。

22 水
● プレゼントの日 ▶ 旅の日 　　　　　　　　[ボイド 01:00〜01:03]
遠い場所との間に、橋が架かり始める。
☽「旅」のハウスで新月。旅に出発する。専門分野を開拓し始める。矢文を放つ。

23 木
旅の日
遠出したり、遠くから人が訪ねてくれたりする日。発信力も増す。
◆冥王星が「他者」のハウスへ。ここから2043年頃にかけ、人間関係が根源的に変容する。

24 金
旅の日 ▶ 達成の日 　　　　　　　　　　　　[ボイド 02:15〜03:44]
意欲が湧く。はっきりした成果が出る時間へ。

25 土
達成の日
目標に手が届く。結果が出る日。人から認められる場面も。
◆火星が「ひみつ」のハウスへ。内なる敵と闘って克服できる時間。自分の真の強さを知る。

26 日
達成の日 ▶ 友だちの日 　　　　　　　　　　[ボイド 01:21〜09:43]
肩の力が抜け、伸びやかな気持ちになれる。

27 月
友だちの日
未来のプランを立てる。友だちと過ごせる。チームワーク。

28 火
友だちの日 ▶ ひみつの日 　　　　　　　　　[ボイド 10:41〜19:24]
ざわめきから少し離れたくなる。自分の時間。

29 水
◗ 一人の時間。過去を振り返り、戦略を練る。自分を大事にする。

30 木
ひみつの日 　　　　　　　　　　　　　　　　[ボイド 22:47〜]
一人の時間。過去を振り返り、戦略を練る。自分を大事にする。

31 金
ひみつの日 ▶ スタートの日 　　　　　　　　[ボイド 〜07:33]
新しいことを始めやすい時間に切り替わる。

4 ·APRIL·

1 土 スタートの日
主役の意識で動く。新しい選択肢を選べる。気持ちが切り替わる。

2 日 スタートの日 ▶ お金の日 　　　　　　　　　　[ボイド 15:05〜19:59]
物質面・経済活動が活性化する時間に入る。

3 月 お金の日
いわゆる「金運がいい」日。実入りが良く、いい買い物もできそう。

4 火 お金の日 　　　　　　　　　　　　　　　　　[ボイド 22:52〜]
いわゆる「金運がいい」日。実入りが良く、いい買い物もできそう。
◆水星が「目標と結果」のハウスへ。ここから忙しくなる。新しい課題、ミッション、使命。

5 水 お金の日 ▶ メッセージの日 　　　　　　　　　[ボイド 〜06:53]
「動き」が出てくる。コミュニケーションの活性。

6 木 ○メッセージの日 　　　　　　　　　　　　　[ボイド 21:44〜]
待っていた朗報が届く。勉強が捗る。外に出たくなる日。
🌙「コミュニケーション」のハウスで満月。重ねてきた勉強や対話が実を結ぶとき。意思疎通が叶う。

7 金 メッセージの日 ▶ 家の日 　　　　　　　　　　[ボイド 〜15:31]
生活環境や身内に目が向かう。原点回帰。

8 土 家の日
「普段の生活」が充実。身内との関係強化。環境改善ができる。

9 日 家の日 ▶ 愛の日 　　　　　　　　　　　　　[ボイド 18:11〜21:58]
愛の追い風が吹く。好きなことができる。

10 月 愛の日
愛について嬉しいことがある。子育て、趣味、創作にも追い風が。

11 火 愛の日 　　　　　　　　　　　　　　　　[ボイド 19:49〜]
愛について嬉しいことがある。子育て、趣味、創作にも追い風が。
◆金星が「夢と友」のハウスへ。友や仲間との交流が華やかに。「恵み」を受け取れる。

12 水 愛の日 ▶ メンテナンスの日 　　　　　　　　[ボイド 〜02:35]
「やりたいこと」から「やるべきこと」へのシフト。

13 木 ☽メンテナンスの日 　　　　　　　　　　　[ボイド 23:16〜]
生活や心身の故障部分を修理できる。ケアしたり、されたり。

14 金 メンテナンスの日 ▶ 人に会う日 　　　　　　[ボイド 〜05:44]
「自分の世界」から「外界」へ出るような節目。

15 土 人に会う日
人に会ったり、会う約束をしたりする日。出会いの気配も。

16 日 人に会う日 ▶ プレゼントの日 　　　　　　　[ボイド 00:17〜07:58]
他者との関係に、さらに一歩踏み込めるように。

17 月	プレゼントの日 人から貴重なものを受け取れる。提案を受ける場面も。	
18 火	プレゼントの日 ▶ 旅の日 遠い場所との間に、橋が架かり始める。	[ボイド 03:59〜10:11]
19 水	旅の日 遠出したり、遠くから人が訪ねてくれたりする日。発信力も増す。	
20 木	●旅の日 ▶ 達成の日 意欲が湧く。はっきりした成果が出る時間へ。 ☽「旅」のハウスで日食。強い縁を感じるような旅に出ることになるかも。精神的転換。◆太陽が「目標と結果」のハウスへ。1年のサイクルの中で「目標と達成」を確認するとき。	[ボイド 13:14〜13:31]
21 金	達成の日 目標に手が届く。結果が出る日。人から認められる場面も。 ◆水星が「目標と結果」のハウスで逆行開始。仕事や対外的な活動における「見直し」期間へ。	
22 土	達成の日 ▶ 友だちの日 肩の力が抜け、伸びやかな気持ちになれる。	[ボイド 12:43〜19:13]
23 日	友だちの日 未来のプランを立てる。友だちと過ごせる。チームワーク。	
24 月	友だちの日 未来のプランを立てる。友だちと過ごせる。チームワーク。	[ボイド 21:17〜]
25 火	友だちの日 ▶ ひみつの日 ざわめきから少し離れたくなる。自分の時間。	[ボイド 〜04:00]
26 水	ひみつの日 一人の時間。過去を振り返り、戦略を練る。自分を大事にする。	
27 木	ひみつの日 ▶ スタートの日 新しいことを始めやすい時間に切り替わる。	[ボイド 08:42〜15:31]
28 金	●スタートの日 主役の意識で動く。新しい選択肢を選べる。気持ちが切り替わる。	
29 土	スタートの日 主役の意識で動く。新しい選択肢を選べる。気持ちが切り替わる。	[ボイド 19:54〜]
30 日	スタートの日 ▶ お金の日 物質面・経済活動が活性化する時間に入る。	[ボイド 〜04:01]

5 ·MAY·

1	月	お金の日 いわゆる「金運がいい」日。実入りが良く、いい買い物もできそう。
2	火	お金の日 ▶ メッセージの日 　　　　　　　　　　　　　　　[ボイド 08:54〜15:11] 「動き」が出てくる。コミュニケーションの活性。 ◆冥王星が「他者」のハウスで逆行開始。他人の要望を時間をかけて見つめる。無意識の共鳴。
3	水	メッセージの日 待っていた朗報が届く。勉強が捗る。外に出たくなる日。
4	木	メッセージの日 ▶ 家の日 　　　　　　　　　　　　　　　[ボイド 18:18〜23:34] 生活環境や身内に目が向かう。原点回帰。
5	金	家の日 「普段の生活」が充実。身内との関係強化。環境改善ができる。
6	土	○家の日 　　　　　　　　　　　　　　　　　　　　　　[ボイド 23:39〜] 「普段の生活」が充実。身内との関係強化。環境改善ができる。 ●「家」のハウスで月食。居場所や家族に関して、特別な変化が起こるかも。大切な節目。
7	日	家の日 ▶ 愛の日 　　　　　　　　　　　　　　　　　　[ボイド 〜05:06] 愛の追い風が吹く。好きなことができる。 ◆金星が「ひみつ」のハウスへ。これ以降、純粋な愛情から行動できる。一人の時間の充実も。
8	月	愛の日 愛について嬉しいことがある。子育て、趣味、創作にも追い風が。
9	火	愛の日 ▶ メンテナンスの日 　　　　　　　　　　　　　[ボイド 05:30〜08:35] 「やりたいこと」から「やるべきこと」へのシフト。
10	水	メンテナンスの日 生活や心身の故障部分を修理できる。ケアしたり、されたり。
11	木	メンテナンスの日 ▶ 人に会う日 　　　　　　　　　　　[ボイド 08:54〜11:07] 「自分の世界」から「外界」へ出るような節目。
12	金	●人に会う日 人に会ったり、会う約束をしたりする日。出会いの気配も。
13	土	人に会う日 ▶ プレゼントの日 　　　　　　　　　　　　[ボイド 12:17〜13:41] 他者との関係に、さらに一歩踏み込めるように。
14	日	プレゼントの日 人から貴重なものを受け取れる。提案を受ける場面も。
15	月	プレゼントの日 ▶ 旅の日 　　　　　　　　　　　　　　[ボイド 11:58〜16:57] 遠い場所との間に、橋が架かり始める。 ◆水星が「目標と結果」のハウスで順行へ。仕事や対外的活動に関する足止めが解除される。

16	火	旅の日 遠出したり、遠くから人が訪ねてくれたりする日。発信力も増す。
17	水	旅の日 ▶ 達成の日 　　　　　　　　　　　　　[ボイド 18:11〜21:29] 意欲が湧く。はっきりした成果が出る時間へ。 ◆木星が「目標と結果」のハウスへ。キャリアの飛躍的な成長期に入る。大活躍の1年のスタート。
18	木	達成の日 目標に手が届く。結果が出る日。人から認められる場面も。
19	金	達成の日 目標に手が届く。結果が出る日。人から認められる場面も。
20	土	●達成の日 ▶ 友だちの日 　　　　　　　　　　[ボイド 02:52〜03:49] 肩の力が抜け、伸びやかな気持ちになれる。 🌑「目標と結果」のハウスで新月。新しいミッションがスタートするとき。目的意識が定まる。
21	日	友だちの日 未来のプランを立てる。友だちと過ごせる。チームワーク。 ◆火星が「自分」のハウスへ。熱い自己変革の季節へ。勝負、挑戦。自分から動きたくなる。◆太陽が「夢と友」のハウスへ。1年のサイクルの中で「友」「未来」に目を向ける季節へ。
22	月	友だちの日 ▶ ひみつの日 　　　　　　　　　　[ボイド 07:13〜12:30] ざわめきから少し離れたくなる。自分の時間。
23	火	ひみつの日 一人の時間。過去を振り返り、戦略を練る。自分を大事にする。
24	水	ひみつの日 ▶ スタートの日 　　　　　　　　　[ボイド 18:14〜23:36] 新しいことを始めやすい時間に切り替わる。
25	木	スタートの日 主役の意識で動く。新しい選択肢を選べる。気持ちが切り替わる。
26	金	スタートの日 　　　　　　　　　　　　　　　　[ボイド 15:40〜] 主役の意識で動く。新しい選択肢を選べる。気持ちが切り替わる。
27	土	スタートの日 ▶ お金の日 　　　　　　　　　　[ボイド 〜12:07] 物質面・経済活動が活性化する時間に入る。
28	日	◑お金の日 いわゆる「金運がいい」日。実入りが良く、いい買い物もできそう。
29	月	お金の日 ▶ メッセージの日 　　　　　　　　　[ボイド 18:47〜23:52] 「動き」が出てくる。コミュニケーションの活性。
30	火	メッセージの日 待っていた朗報が届く。勉強が捗る。外に出たくなる日。
31	水	メッセージの日 　　　　　　　　　　　　　　　[ボイド 23:55〜] 待っていた朗報が届く。勉強が捗る。外に出たくなる日。

6 ·JUNE·

1	木	メッセージの日 ▶ 家の日 　　　　　　　　　　　　　　　[ボイド ～08:47] 生活環境や身内に目が向かう。原点回帰。
2	金	家の日 「普段の生活」が充実。身内との関係強化。環境改善ができる。
3	土	家の日 ▶ 愛の日 　　　　　　　　　　　　　　　　[ボイド 09:53～14:05] 愛の追い風が吹く。好きなことができる。
4	日	○愛の日 愛について嬉しいことがある。子育て、趣味、創作にも追い風が。 ☽「愛」のハウスで満月。愛が「満ちる」「実る」とき。クリエイティブな作品の完成。
5	月	愛の日 ▶ メンテナンスの日 　　　　　　　　　　　　[ボイド 12:25～16:33] 「やりたいこと」から「やるべきこと」へのシフト。 ◆金星が「自分」のハウスに。あなたの魅力が輝く季節の到来。愛に恵まれる楽しい日々へ。
6	火	メンテナンスの日 生活や心身の故障部分を修理できる。ケアしたり、されたり。
7	水	メンテナンスの日 ▶ 人に会う日 　　　　　　　　　　[ボイド 13:41～17:43] 「自分の世界」から「外界」へ出るような節目。
8	木	人に会う日 人に会ったり、会う約束をしたりする日。出会いの気配も。
9	金	人に会う日 ▶ プレゼントの日 　　　　　　　　　　　[ボイド 13:25～19:16] 他者との関係に、さらに一歩踏み込めるように。
10	土	プレゼントの日 人から貴重なものを受け取れる。提案を受ける場面も。
11	日	◑プレゼントの日 ▶ 旅の日 　　　　　　　　　　　　[ボイド 22:22～22:22] 遠い場所との間に、橋が架かり始める。 ◆逆行中の冥王星が「任務」のハウスへ。2008年頃からの「生活の変容・任務の拡大」を振り返る時間に。◆水星が「夢と友」のハウスへ。仲間に恵まれる爽やかな季節。友と夢を語れる。新しい計画。
12	月	旅の日 遠出したり、遠くから人が訪ねてくれたりする日。発信力も増す。
13	火	旅の日 遠出したり、遠くから人が訪ねてくれたりする日。発信力も増す。
14	水	旅の日 ▶ 達成の日 　　　　　　　　　　　　　　　[ボイド 03:28～03:33] 意欲が湧く。はっきりした成果が出る時間へ。
15	木	達成の日 目標に手が届く。結果が出る日。人から認められる場面も。

16 金	達成の日 ▶ 友だちの日		[ボイド 10:38〜10:47]

16 金　達成の日 ▶ 友だちの日　　　　　　　　　　[ボイド 10:38〜10:47]
肩の力が抜け、伸びやかな気持ちになれる。

17 土　友だちの日
未来のプランを立てる。友だちと過ごせる。チームワーク。

18 日　● 友だちの日 ▶ ひみつの日　　　　　　　　[ボイド 15:26〜19:59]
ざわめきから少し離れたくなる。自分の時間。
◆土星が「ギフト」のハウスで逆行開始。貸借や恩義からのプレッシャーを客観視できる時間へ。◑「夢と友」のハウスで新月。新しい仲間や友に出会えるとき。夢が生まれる。迷いが晴れる。

19 月　ひみつの日
一人の時間。過去を振り返り、戦略を練る。自分を大事にする。

20 火　ひみつの日
一人の時間。過去を振り返り、戦略を練る。自分を大事にする。

21 水　ひみつの日 ▶ スタートの日　　　　　　　　[ボイド 06:45〜07:06]
新しいことを始めやすい時間に切り替わる。
◆太陽が「ひみつ」のハウスへ。新しい1年を目前にしての、振り返りと準備の時期。

22 木　スタートの日
主役の意識で動く。新しい選択肢を選べる。気持ちが切り替わる。

23 金　スタートの日 ▶ お金の日　　　　　　　　　[ボイド 02:02〜19:37]
物質面・経済活動が活性化する時間に入る。

24 土　お金の日
いわゆる「金運がいい」日。実入りが良く、いい買い物もできそう。

25 日　お金の日
いわゆる「金運がいい」日。実入りが良く、いい買い物もできそう。

26 月　◑ お金の日 ▶ メッセージの日　　　　　　　[ボイド 07:26〜07:59]
「動き」が出てくる。コミュニケーションの活性。

27 火　メッセージの日
待っていた朗報が届く。勉強が捗る。外に出たくなる日。
◆水星が「ひみつ」のハウスへ。思考が深まる。思索、瞑想、誰かのための勉強。記録の精査。

28 水　メッセージの日 ▶ 家の日　　　　　　　　　[ボイド 17:20〜17:57]
生活環境や身内に目が向かう。原点回帰。

29 木　家の日
「普段の生活」が充実。身内との関係強化。環境改善ができる。

30 金　家の日　　　　　　　　　　　　　　　　　[ボイド 23:22〜]
「普段の生活」が充実。身内との関係強化。環境改善ができる。

7 ・JULY・

1 土
家の日 ▶ 愛の日 [ボイド 〜00:01]
愛の追い風が吹く。好きなことができる。
◆海王星が「ギフト」のハウスで逆行開始。目に見えない「貯金」の始まり。価値の反転。

2 日
愛の日 [ボイド 22:35〜]
愛について嬉しいことがある。子育て、趣味、創作にも追い風が。

3 月
○愛の日 ▶ メンテナンスの日 [ボイド 〜02:22]
「やりたいこと」から「やるべきこと」へのシフト。
◯「任務」のハウスで満月。日々の努力や蓄積が「実る」。自他の体調のケアに留意。

4 火
メンテナンスの日
生活や心身の故障部分を修理できる。ケアしたり、されたり。

5 水
メンテナンスの日 ▶ 人に会う日 [ボイド 01:47〜02:32]
「自分の世界」から「外界」へ出るような節目。

6 木
人に会う日 [ボイド 22:43〜]
人に会ったり、会う約束をしたりする日。出会いの気配も。

7 金
人に会う日 ▶ プレゼントの日 [ボイド 〜02:34]
他者との関係に、さらに一歩踏み込めるように。

8 土
プレゼントの日
人から貴重なものを受け取れる。提案を受ける場面も。

9 日
プレゼントの日 ▶ 旅の日 [ボイド 03:24〜04:21]
遠い場所との間に、橋が架かり始める。

10 月
◐旅の日
遠出したり、遠くから人が訪ねてくれたりする日。発信力も増す。
◆火星が「生産」のハウスへ。ほてりが収まって地に足がつく。経済的な「勝負」も。

11 火
旅の日 ▶ 達成の日 [ボイド 08:13〜08:57]
意欲が湧く。はっきりした成果が出る時間へ。
◆水星が「自分」のハウスへ。知的活動が活性化。若々しい気持ち、行動力。発言力の強化。

12 水
達成の日
目標に手が届く。結果が出る日。人から認められる場面も。

13 木
達成の日 ▶ 友だちの日 [ボイド 15:12〜16:28]
肩の力が抜け、伸びやかな気持ちになれる。

14 金
友だちの日
未来のプランを立てる。友だちと過ごせる。チームワーク。

15 土
友だちの日 [ボイド 21:37〜]
未来のプランを立てる。友だちと過ごせる。チームワーク。

16 日	友だちの日 ▶ ひみつの日	[ボイド 〜02:15]
	ざわめきから少し離れたくなる。自分の時間。	

17 月	ひみつの日	
	一人の時間。過去を振り返り、戦略を練る。自分を大事にする。	

18 火	● ひみつの日 ▶ スタートの日	[ボイド 12:08〜13:41]
	新しいことを始めやすい時間に切り替わる。 ☽「ひみつ」のハウスで新月。密かな迷いから解放される。自他を救うための行動を起こす。	

19 水	スタートの日	
	主役の意識で動く。新しい選択肢を選べる。気持ちが切り替わる。	

20 木	スタートの日	[ボイド 23:10〜]
	主役の意識で動く。新しい選択肢を選べる。気持ちが切り替わる。	

21 金	スタートの日 ▶ お金の日	[ボイド 〜02:14]
	物質面・経済活動が活性化する時間に入る。	

22 土	お金の日	
	いわゆる「金運がいい」日。実入りが良く、いい買い物もできそう。	

23 日	お金の日 ▶ メッセージの日	[ボイド 13:08〜14:56]
	「動き」が出てくる。コミュニケーションの活性。 ◆金星が「自分」のハウスで逆行開始。自分の魅力を再発見できる。愛についての自問自答。◆太陽が「自分」のハウスへ。お誕生月の始まり、新しい1年への「扉」を開くとき。	

24 月	メッセージの日	
	待っていた朗報が届く。勉強が捗る。外に出たくなる日。	

25 火	メッセージの日	
	待っていた朗報が届く。勉強が捗る。外に出たくなる日。	

26 水	◑ メッセージの日 ▶ 家の日	[ボイド 00:07〜01:57]
	生活環境や身内に目が向かう。原点回帰。	

27 木	家の日	
	「普段の生活」が充実。身内との関係強化。環境改善ができる。	

28 金	家の日 ▶ 愛の日	[ボイド 07:38〜09:26]
	愛の追い風が吹く。好きなことができる。	

29 土	愛の日	
	愛について嬉しいことがある。子育て、趣味、創作にも追い風が。 ◆水星が「生産」のハウスへ。経済活動に知性を活かす。情報収集、経営戦略。在庫整理。	

30 日	愛の日 ▶ メンテナンスの日	[ボイド 08:53〜12:46]
	「やりたいこと」から「やるべきこと」へのシフト。	

31 月	メンテナンスの日	
	生活や心身の故障部分を修理できる。ケアしたり、されたり。	

1	火	メンテナンスの日 ▶ 人に会う日	[ボイド 11:14〜12:59]

「自分の世界」から「外界」へ出るような節目。

2	水	○人に会う日

人に会ったり、会う約束をしたりする日。出会いの気配も。

🌙「他者」のハウスで満月。誰かとの一対一の関係が「満ちる」。交渉の成立、契約。

3	木	人に会う日 ▶ プレゼントの日	[ボイド 06:17〜12:07]

他者との関係に、さらに一歩踏み込めるように。

4	金	プレゼントの日

人から貴重なものを受け取れる。提案を受ける場面も。

5	土	プレゼントの日 ▶ 旅の日	[ボイド 10:22〜12:21]

遠い場所との間に、橋が架かり始める。

6	日	旅の日

遠出したり、遠くから人が訪ねてくれたりする日。発信力も増す。

7	月	旅の日 ▶ 達成の日	[ボイド 13:14〜15:26]

意欲が湧く。はっきりした成果が出る時間へ。

8	火	◑達成の日

目標に手が届く。結果が出る日。人から認められる場面も。

9	水	達成の日 ▶ 友だちの日	[ボイド 19:40〜22:07]

肩の力が抜け、伸びやかな気持ちになれる。

10	木	友だちの日

未来のプランを立てる。友だちと過ごせる。チームワーク。

11	金	友だちの日

未来のプランを立てる。友だちと過ごせる。チームワーク。

12	土	友だちの日 ▶ ひみつの日	[ボイド 02:29〜07:54]

ざわめきから少し離れたくなる。自分の時間。

13	日	ひみつの日

一人の時間。過去を振り返り、戦略を練る。自分を大事にする。

14	月	ひみつの日 ▶ スタートの日	[ボイド 16:48〜19:38]

新しいことを始めやすい時間に切り替わる。

15	火	スタートの日

主役の意識で動く。新しい選択肢を選べる。気持ちが切り替わる。

16	水	●スタートの日	[ボイド 18:40〜]

主役の意識で動く。新しい選択肢を選べる。気持ちが切り替わる。

🌙「自分」のハウスで新月。大切なことがスタートする節目。フレッシュな「切り替え」。

17	木	スタートの日 ▶ お金の日	[ボイド 〜08:16]

物質面・経済活動が活性化する時間に入る。

18 金	お金の日 いわゆる「金運がいい」日。実入りが良く、いい買い物もできそう。
19 土	お金の日 ▶ メッセージの日　　　　　　　　　[ボイド 17:52〜20:55] 「動き」が出てくる。コミュニケーションの活性。
20 日	メッセージの日 待っていた朗報が届く。勉強が捗る。外に出たくなる日。
21 月	メッセージの日 待っていた朗報が届く。勉強が捗る。外に出たくなる日。
22 火	メッセージの日 ▶ 家の日　　　　　　　　　　[ボイド 05:33〜08:24] 生活環境や身内に目が向かう。原点回帰。
23 水	家の日 「普段の生活」が充実。身内との関係強化。環境改善ができる。 ◆太陽が「生産」のハウスへ。1年のサイクルの中で「物質的・経済的土台」を整備する。
24 木	●家の日 ▶ 愛の日　　　　　　　　　　　　[ボイド 14:12〜17:09] 愛の追い風が吹く。好きなことができる。 ◆水星が「生産」のハウスで逆行開始。経済活動に関する整理と記録。再計算。棚卸し。
25 金	愛の日 愛について嬉しいことがある。子育て、趣味、創作にも追い風が。
26 土	愛の日 ▶ メンテナンスの日　　　　　　　　[ボイド 20:58〜22:07] 「やりたいこと」から「やるべきこと」へのシフト。
27 日	メンテナンスの日 生活や心身の故障部分を修理できる。ケアしたり、されたり。 ◆火星が「コミュニケーション」のハウスに。熱いコミュニケーション、議論。向学心。外に出て動く日々へ。
28 月	メンテナンスの日 ▶ 人に会う日　　　　　　[ボイド 20:51〜23:33] 「自分の世界」から「外界」へ出るような節目。
29 火	人に会う日 人に会ったり、会う約束をしたりする日。出会いの気配も。 ◆天王星が「目標と結果」のハウスで逆行開始。「改革」に目を向ける。踏み止まってできること。
30 水	人に会う日 ▶ プレゼントの日　　　　　　　[ボイド 12:06〜22:58] 他者との関係に、さらに一歩踏み込めるように。
31 木	○プレゼントの日 人から貴重なものを受け取れる。提案を受ける場面も。 ☽「ギフト」のハウスで満月。人から「満を持して」手渡されるものがある。他者との融合。

9 ·SEPTEMBER·

1 金 プレゼントの日 ▶ 旅の日 [ボイド 19:37〜22:26]
遠い場所との間に、橋が架かり始める。

2 土 旅の日
遠出したり、遠くから人が訪ねてくれたりする日。発信力も増す。

3 日 旅の日 [ボイド 20:58〜]
遠出したり、遠くから人が訪ねてくれたりする日。発信力も増す。

4 月 旅の日 ▶ 達成の日 [ボイド 〜00:01]
意欲が湧く。はっきりした成果が出る時間へ。
◆金星が「自分」のハウスで順行へ。愛が前に進み出す。喜びを素直に受け取れるようになる。◆木星が「目標と結果」のハウスで逆行開始。前進を止めて振り返る「活躍」の内容。立場の確認。

5 火 達成の日
目標に手が届く。結果が出る日。人から認められる場面も。

6 水 達成の日 ▶ 友だちの日 [ボイド 01:48〜05:08]
肩の力が抜け、伸びやかな気持になれる。

7 木 ❶友だちの日
未来のプランを立てる。友だちと過ごせる。チームワーク。

8 金 友だちの日 ▶ ひみつの日 [ボイド 07:23〜14:01]
ざわめきから少し離れたくなる。自分の時間。

9 土 ひみつの日
一人の時間。過去を振り返り、戦略を練る。自分を大事にする。

10 日 ひみつの日 [ボイド 21:49〜]
一人の時間。過去を振り返り、戦略を練る。自分を大事にする。

11 月 ひみつの日 ▶ スタートの日 [ボイド 〜01:38]
新しいことを始めやすい時間に切り替わる。

12 火 スタートの日
主役の意識で動く。新しい選択肢を選べる。気持ちが切り替わる。

13 水 スタートの日 ▶ お金の日 [ボイド 00:07〜14:20]
物質面・経済活動が活性化する時間に入る。

14 木 お金の日
いわゆる「金運がいい」日。実入りが良く、いい買い物もできそう。

15 金 ●お金の日 [ボイド 22:51〜]
いわゆる「金運がいい」日。実入りが良く、いい買い物もできそう。
🌙「生産」のハウスで新月。新しい経済活動をスタートさせる。新しいものを手に入れる。

16 土 お金の日 ▶ メッセージの日 [ボイド 〜02:46]
「動き」が出てくる。コミュニケーションの活性。
◆水星が「生産」のハウスで順行へ。経済的混乱が解消していく。物質面での整理を再開。

80

17 日　メッセージの日
待っていた朗報が届く。勉強が捗る。外に出たくなる日。

18 月　メッセージの日 ▶ 家の日　　　　　　　　[ボイド 10:08〜14:00]
生活環境や身内に目が向かう。原点回帰。

19 火　家の日
「普段の生活」が充実。身内との関係強化。環境改善ができる。

20 水　家の日 ▶ 愛の日　　　　　　　　　　　[ボイド 19:23〜23:08]
愛の追い風が吹く。好きなことができる。

21 木　愛の日
愛について嬉しいことがある。子育て、趣味、創作にも追い風が。

22 金　愛の日
愛について嬉しいことがある。子育て、趣味、創作にも追い風が。

23 土　●愛の日 ▶ メンテナンスの日　　　　　　[ボイド 04:33〜05:22]
「やりたいこと」から「やるべきこと」へのシフト。
◆太陽が「コミュニケーション」のハウスへ。1年のサイクルの中で
コミュニケーションを繋ぎ直すとき。

24 日　メンテナンスの日
生活や心身の故障部分を修理できる。ケアしたり、されたり。

25 月　メンテナンスの日 ▶ 人に会う日　　　　　[ボイド 05:07〜08:31]
「自分の世界」から「外界」へ出るような節目。

26 火　人に会う日　　　　　　　　　　　　　　[ボイド 21:40〜]
人に会ったり、会う約束をしたりする日。出会いの気配も。

27 水　人に会う日 ▶ プレゼントの日　　　　　　[ボイド 〜09:20]
他者との関係に、さらに一歩踏み込めるように。

28 木　プレゼントの日
人から貴重なものを受け取れる。提案を受ける場面も。

29 金　○プレゼントの日 ▶ 旅の日　　　　　　　[ボイド 05:59〜09:19]
遠い場所との間に、橋が架かり始める。
☽「旅」のハウスで満月。遠い場所への扉が「満を持して」開かれる。
遠くまで声が届く。

30 土　旅の日
遠出したり、遠くから人が訪ねてくれたりする日。発信力も増す。

10 ·OCTOBER·

1	日	旅の日 ▶ 達成の日　　　　　　　　　　　　[ボイド 06:51〜10:20] 意欲が湧く。はっきりした成果が出る時間へ。

2	月	達成の日 目標に手が届く。結果が出る日。人から認められる場面も。

3	火	達成の日 ▶ 友だちの日　　　　　　　　　　[ボイド 10:21〜14:05] 肩の力が抜け、伸びやかな気持ちになれる。

4	水	友だちの日 未来のプランを立てる。友だちと過ごせる。チームワーク。

5	木	友だちの日 ▶ ひみつの日　　　　　　　　　[ボイド 15:36〜21:33] ざわめきから少し離れたくなる。自分の時間。 ◆水星が「コミュニケーション」のハウスへ。知的活動の活性化、コミュニケーションの進展。学習の好機。

6	金	❶ひみつの日 一人の時間。過去を振り返り、戦略を練る。自分を大事にする。

7	土	ひみつの日 一人の時間。過去を振り返り、戦略を練る。自分を大事にする。

8	日	ひみつの日 ▶ スタートの日　　　　　　　　[ボイド 04:13〜08:26] 新しいことを始めやすい時間に切り替わる。

9	月	スタートの日 主役の意識で動く。新しい選択肢を選べる。気持ちが切り替わる。 ◆金星が「生産」のハウスへ。経済活動の活性化、上昇気流。物質的豊かさの開花。

10	火	スタートの日 ▶ お金の日　　　　　　　　　[ボイド 18:38〜21:03] 物質面・経済活動が活性化する時間に入る。

11	水	お金の日 いわゆる「金運がいい」日。実入りが良く、いい買い物もできそう。 ◆冥王星が「任務」のハウスで順行へ。「従う」ことへの欲求が自然な軌道に乗る。

12	木	お金の日 いわゆる「金運がいい」日。実入りが良く、いい買い物もできそう。 ◆火星が「家」のハウスへ。居場所を「動かす」時期。環境変化、引越、家族との取り組み。

13	金	お金の日 ▶ メッセージの日　　　　　　　　[ボイド 05:12〜09:24] 「動き」が出てくる。コミュニケーションの活性。

14	土	メッセージの日 待っていた朗報が届く。勉強が捗る。外に出たくなる日。

15	日	●メッセージの日 ▶ 家の日　　　　　　　　[ボイド 16:03〜20:06] 生活環境や身内に目が向かう。原点回帰。 ☽「コミュニケーション」のハウスで日食。不思議な形で新しいコミュニケーションが始まる。勉強開始。

16 月	家の日 「普段の生活」が充実。身内との関係強化。環境改善ができる。	
17 火	家の日 「普段の生活」が充実。身内との関係強化。環境改善ができる。	
18 水	家の日 ▶ 愛の日 愛の追い風が吹く。好きなことができる。	[ボイド 00:45〜04:38]
19 木	愛の日 愛について嬉しいことがある。子育て、趣味、創作にも追い風が。	
20 金	愛の日 ▶ メンテナンスの日 「やりたいこと」から「やるべきこと」へのシフト。	[ボイド 04:04〜10:56]
21 土	メンテナンスの日 生活や心身の故障部分を修理できる。ケアしたり、されたり。	
22 日	●メンテナンスの日 ▶ 人に会う日 「自分の世界」から「外界」へ出るような節目。 ◆水星が「家」のハウスへ。来訪者。身近な人との対話。若々しい風が居場所に吹き込む。	[ボイド 15:02〜15:08]
23 月	人に会う日 人に会ったり、会う約束をしたりする日。出会いの気配も。	
24 火	人に会う日 ▶ プレゼントの日 他者との関係に、さらに一歩踏み込めるように。 ◆太陽が「家」のハウスへ。1年のサイクルの中で「居場所・家・心」を整備し直すとき。	[ボイド 04:06〜17:35]
25 水	プレゼントの日 人から貴重なものを受け取れる。提案を受ける場面も。	
26 木	プレゼントの日 ▶ 旅の日 遠い場所との間に、橋が架かり始める。	[ボイド 15:41〜19:03]
27 金	旅の日 遠出したり、遠くから人が訪ねてくれたりする日。発信力も増す。	
28 土	旅の日 ▶ 達成の日 意欲が湧く。はっきりした成果が出る時間へ。	[ボイド 17:21〜20:46]
29 日	○達成の日 目標に手が届く。結果が出る日。人から認められる場面も。 ☽「目標と結果」のハウスで月食。仕事や対外的な活動の場での努力が、特別な形で実る。	
30 月	達成の日 目標に手が届く。結果が出る日。人から認められる場面も。	[ボイド 20:37〜]
31 火	達成の日 ▶ 友だちの日 肩の力が抜け、伸びやかな気持ちになれる。	[ボイド 〜00:09]

11 · NOVEMBER ·

1 水
友だちの日 [ボイド 21:38〜]
未来のプランを立てる。友だちと過ごせる。チームワーク。

2 木
友だちの日 ▶ ひみつの日 [ボイド 〜06:32]
ざわめきから少し離れたくなる。自分の時間。

3 金
ひみつの日
一人の時間。過去を振り返り、戦略を練る。自分を大事にする。

4 土
ひみつの日 ▶ スタートの日 [ボイド 12:29〜16:23]
新しいことを始めやすい時間に切り替わる。
◆土星が「ギフト」のハウスで順行へ。他者との利害関係に関する調整がまとまるようなとき。

5 日
◗ スタートの日
主役の意識で動く。新しい選択肢を選べる。気持ちが切り替わる。

6 月
スタートの日 [ボイド 16:27〜]
主役の意識で動く。新しい選択肢を選べる。気持ちが切り替わる。

7 火
スタートの日 ▶ お金の日 [ボイド 〜04:41]
物質面・経済活動が活性化する時間に入る。

8 水
お金の日
いわゆる「金運がいい」日。実入りが良く、いい買い物もできそう。
◆金星が「コミュニケーション」のハウスへ。喜びある学び、対話、外出。言葉による優しさ、愛の伝達。

9 木
お金の日 ▶ メッセージの日 [ボイド 13:57〜17:10]
「動き」が出てくる。コミュニケーションの活性。

10 金
メッセージの日
待っていた朗報が届く。勉強が捗る。外に出たくなる日。
◆水星が「愛」のハウスへ。愛に関する学び、教育。若々しい創造性、遊び。知的創造。

11 土
メッセージの日
待っていた朗報が届く。勉強が捗る。外に出たくなる日。

12 日
メッセージの日 ▶ 家の日 [ボイド 00:07〜03:41]
生活環境や身内に目が向かう。原点回帰。

13 月
● 家の日
「普段の生活」が充実。身内との関係強化。環境改善ができる。
◗ 「家」のハウスで新月。心の置き場所が新たに定まる。日常に新しい風が吹き込む。

14 火
家の日 ▶ 愛の日 [ボイド 08:05〜11:25]
愛の追い風が吹く。好きなことができる。

15 水
愛の日
愛について嬉しいことがある。子育て、趣味、創作にも追い風が。

16	木	愛の日 ▶ メンテナンスの日 　　　　　　　[ボイド 07:59〜16:43]
		「やりたいこと」から「やるべきこと」へのシフト。

17	金	メンテナンスの日
		生活や心身の故障部分を修理できる。ケアしたり、されたり。

18	土	メンテナンスの日 ▶ 人に会う日 　　　　　　[ボイド 17:29〜20:29]
		「自分の世界」から「外界」へ出るような節目。

19	日	人に会う日
		人に会ったり、会う約束をしたりする日。出会いの気配も。

20	月	◑人に会う日 ▶ プレゼントの日 　　　　　　[ボイド 19:52〜23:31]
		他者との関係に、さらに一歩踏み込めるように。

21	火	プレゼントの日
		人から貴重なものを受け取れる。提案を受ける場面も。

22	水	プレゼントの日
		人から貴重なものを受け取れる。提案を受ける場面も。 ◆太陽が「愛」のハウスへ。1年のサイクルの中で「愛・喜び・創造性」を再生するとき。

23	木	プレゼントの日 ▶ 旅の日 　　　　　　　　　[ボイド 00:11〜02:21]
		遠い場所との間に、橋が架かり始める。

24	金	旅の日
		遠出したり、遠くから人が訪ねてくれたりする日。発信力も増す。 ◆火星が「愛」のハウスへ。情熱的な愛、積極的自己表現。愛と理想のための戦い。

25	土	旅の日 ▶ 達成の日 　　　　　　　　　　　[ボイド 02:42〜05:30]
		意欲が湧く。はっきりした成果が出る時間へ。

26	日	達成の日
		目標に手が届く。結果が出る日。人から認められる場面も。

27	月	○達成の日 ▶ 友だちの日 　　　　　　　　[ボイド 06:53〜09:42]
		肩の力が抜け、伸びやかな気持ちになれる。 ☽「夢と友」のハウスで満月。希望してきた条件が整う。友や仲間への働きかけが「実る」。

28	火	友だちの日
		未来のプランを立てる。友だちと過ごせる。チームワーク。

29	水	友だちの日 ▶ ひみつの日 　　　　　　　　[ボイド 10:05〜15:55]
		ざわめきから少し離れたくなる。自分の時間。

30	木	ひみつの日
		一人の時間。過去を振り返り、戦略を練る。自分を大事にする。

12 ・DECEMBER・

1 金 ひみつの日 [ボイド 22:08〜]
一人の時間。過去を振り返り、戦略を練る。自分を大事にする。
◆水星が「任務」のハウスへ。日常生活の整理、整備。健康チェック。心身の調律。

2 土 ひみつの日 ▶ スタートの日 [ボイド 〜01:02]
新しいことを始めやすい時間に切り替わる。

3 日 スタートの日
主役の意識で動く。新しい選択肢を選べる。気持ちが切り替わる。

4 月 スタートの日 ▶ お金の日 [ボイド 11:13〜12:52]
物質面・経済活動が活性化する時間に入る。

5 火 ❶お金の日
いわゆる「金運がいい」日。実入りが良く、いい買い物もできそう。
◆金星が「家」のハウスへ。身近な人とのあたたかな交流。愛着。居場所を美しくする。

6 水 お金の日 [ボイド 22:52〜]
いわゆる「金運がいい」日。実入りが良く、いい買い物もできそう。
◆海王星が「ギフト」のハウスで順行へ。頼り甘え合うことを許せるようになる。守り合う心。

7 木 お金の日 ▶ メッセージの日 [ボイド 〜01:36]
「動き」が出てくる。コミュニケーションの活性。

8 金 メッセージの日
待っていた朗報が届く。勉強が捗る。外に出たくなる日。

9 土 メッセージの日 ▶ 家の日 [ボイド 10:07〜12:36]
生活環境や身内に目が向かう。原点回帰。

10 日 家の日
「普段の生活」が充実。身内との関係強化。環境改善ができる。

11 月 家の日 ▶ 愛の日 [ボイド 17:59〜20:13]
愛の追い風が吹く。好きなことができる。

12 火 愛の日
愛について嬉しいことがある。子育て、趣味、創作にも追い風が。

13 水 ●愛の日 [ボイド 15:50〜]
愛について嬉しいことがある。子育て、趣味、創作にも追い風が。
☽「愛」のハウスで新月。愛が「生まれる」ようなタイミング。大切なものと結びつく。◆水星が「任務」のハウスで逆行開始。生活態度の見直し、責任範囲の再構築。修理。

14 木 愛の日 ▶ メンテナンスの日 [ボイド 〜00:33]
「やりたいこと」から「やるべきこと」へのシフト。

15 金 メンテナンスの日
生活や心身の故障部分を修理できる。ケアしたり、されたり。

16	土	メンテナンスの日 ▶ 人に会う日　　　　　　　　[ボイド 01:05〜02:58] 「自分の世界」から「外界」へ出るような節目。
17	日	人に会う日　　　　　　　　　　　　　　　　　[ボイド 21:05〜] 人に会ったり、会う約束をしたりする日。出会いの気配も。
18	月	人に会う日 ▶ プレゼントの日　　　　　　　　[ボイド 〜05:00] 他者との関係に、さらに一歩踏み込めるように。
19	火	プレゼントの日 人から貴重なものを受け取れる。提案を受ける場面も。
20	水	❶ プレゼントの日 ▶ 旅の日　　　　　　　　　[ボイド 06:05〜07:48] 遠い場所との間に、橋が架かり始める。
21	木	旅の日 遠出したり、遠くから人が訪ねてくれたりする日。発信力も増す。
22	金	旅の日 ▶ 達成の日　　　　　　　　　　　　　[ボイド 11:49〜11:52] 意欲が湧く。はっきりした成果が出る時間へ。 ◆太陽が「任務」のハウスへ。1年のサイクルの中で「健康・任務・ 日常」を再構築するとき。
23	土	達成の日 目標に手が届く。結果が出る日。人から認められる場面も。 ◆逆行中の水星が「愛」のハウスに。「愛の見直し」「作品の手直し」 をするような時間へ。
24	日	達成の日 ▶ 友だちの日　　　　　　　　　　　[ボイド 15:41〜17:16] 肩の力が抜け、伸びやかな気持ちになれる。
25	月	友だちの日 未来のプランを立てる。友だちと過ごせる。チームワーク。
26	火	友だちの日　　　　　　　　　　　　　　　　　[ボイド 16:57〜] 未来のプランを立てる。友だちと過ごせる。チームワーク。
27	水	◯ 友だちの日 ▶ ひみつの日　　　　　　　　　[ボイド 〜00:17] ざわめきから少し離れたくなる。自分の時間。 ☽「ひみつ」のハウスで満月。時間をかけて治療してきた傷が癒える。 自他を赦し赦される。
28	木	ひみつの日 一人の時間。過去を振り返り、戦略を練る。自分を大事にする。
29	金	ひみつの日 ▶ スタートの日　　　　　　　　　[ボイド 07:59〜09:25] 新しいことを始めやすい時間に切り替わる。
30	土	スタートの日 主役の意識で動く。新しい選択肢を選べる。気持ちが切り替わる。 ◆金星が「愛」のハウスへ。華やかな愛の季節の始まり。創造的活 動への強い追い風。
31	日	スタートの日 ▶ お金の日　　　　　　　　　　[ボイド 14:20〜20:55] 物質面・経済活動が活性化する時間に入る。 ◆木星が「目標と結果」のハウスで順行へ。キャリアにおける成長 のプロセスが前進に転じる。

あなたの星座にとって星の動きがどんな意味を
持つか、わかりやすくカレンダーに書き込んで
みたのが、P.89からの「カレンダー解説」です。
色分けは厳密なものではありませんが、だいた
い以下のようなイメージで分けられています。

—— 赤色
インパクトの強い出来事、意欲や情熱、
パワーが必要な場面。

—— 水色
ビジネスや勉強、コミュニケーションなど、
知的な活動に関すること。

—— 紺色
重要なこと、長期的に大きな意味のある変化。
精神的な変化、健康や心のケアに関すること。

—— 緑色
居場所、家族に関すること。

—— ピンク色
愛や人間関係に関すること。嬉しいこと。

—— オレンジ色
経済活動、お金に関すること。

獅子座 2023年の
カレンダー解説

● 解説の文字・線の色のイメージは P.88 をご参照下さい ●

1 · JANUARY ·

mon	tue	wed	thu	fri	sat	sun
						1
2	3	4	5	6	7	8
9	10	11	12	13	14	15
16	17	18	19	20	21	22
23	24	25	26	27	28	29
30	31					

1/3–1/27　人間関係に愛が満ちる。2020年頃から人間関係に注いできた努力が、優しい形で報われるかも。

1/22　公私ともに、素敵な出会いに恵まれそう。誰かとの距離が縮まる。

2 · FEBRUARY ·

mon	tue	wed	thu	fri	sat	sun
	1	2	3	4	5	
6	7	8	9	10	11	12
13	14	15	16	17	18	19
20	21	22	23	24	25	26
27	28					

2/6　大切なターニングポイント。積み重ねてきたことが実を結ぶ。いい意味で「化ける」時。

2/19　ふわりと調子が上向きになるかも。苦手なことから解放されるような節目。

3 ·MARCH·

mon	tue	wed	thu	fri	sat	sun
			1	2	3	4	5
6	7	8	9	10	11	12
13	14	15	16	17	18	19
20	21	22	23	24	25	26
27	28	29	30	31		

4 ·APRIL·

mon	tue	wed	thu	fri	sat	sun
					1	2
3	4	5	6	7	8	9
10	11	12	13	14	15	16
17	18	19	20	21	22	23
24	25	26	27	28	29	30

3/19-4/20 力強い学び の季節。遠出する人も。未 知の世界に足を踏み入れ、 多くを吸収できる。「師」に 恵まれる。

3/17-4/11 キラキラした チャンスが巡ってきそう。 素敵な「ブレイク」を果たす 人も。ここで掴んだ小さな チャンスが、後々大きな舞 台につながるかも。

3/23 ここから人間関係 が新しいフェーズを迎える。 長期的な人間ドラマの静か な幕開け。

4/6 非常に重要なコミュ ニケーションが発生しそう。 待っていた連絡が来る。ゴー サインが出る。

4/20 探し続けたものが 見つかるかも。模索し続け た道を見つける人も。

4/21-5/15 仕事や対外的 な活動において、「一呼吸置 く」時。先を急がず、目の前 のことに柔軟に対応する。 じっくり時間をかけるほう が結果的に早い。

5 ·MAY·

mon	tue	wed	thu	fri	sat	sun
1	2	3	4	5	⑥	7
8	9	10	11	12	13	14
15	16	⑰	18	19	20	21
22	23	24	25	26	27	28
29	30	31				

5/6　居場所の風景がふと、変化するかも。長く庭に育ててきた木が突然花を咲かせるような。

5/17–2024/5/26　約1年にわたる「キャリアの大転換期」。大成功の時。飛躍できる。社会的立場がガラッと変わる人も。

5/21–7/10　熱い「勝負」の季節。自らチャレンジして大勝利できる。「自分自身と闘う」人も。自分を変えたいと思っている人には、素晴らしいチャンス。

6 ·JUNE·

mon	tue	wed	thu	fri	sat	sun
				1	2	3	④
5	6	7	8	9	10	11
12	13	14	15	16	17	18
19	20	21	22	23	24	25
26	27	28	29	30		

6/4　「愛が生まれる」タイミング。夢中になれるものに出会えるかも。

6/11–10/9　強い愛のスポットライトが当たる。「愛を生きる」時間。魅力が開花する。ファッションやヘアスタイルなどを大きく変えて、イメージチェンジする人も。

7 • JULY •

mon	tue	wed	thu	fri	sat	sun
					1	2
3	4	5	6	7	8	9
10	11	12	13	14	15	16
17	18	19	20	21	22	23
24	25	26	27	28	29	30
31						

7/11–8/23　忙しくなる。発言力が強まる。存在感が増す。自分自身の考えや意志で動く時。

7/29–8/27　経済活動が熱く盛り上がる。欲しいものが手に入る。収入の途を開拓できる。ビジネスには強い追い風が。特に10/5まで、お金に関して戦略的に動き、結果を出せる。

8 • AUGUST •

mon	tue	wed	thu	fri	sat	sun
	1	2	3	4	5	6
7	8	9	10	11	12	13
14	15	16	17	18	19	20
21	22	23	24	25	26	27
28	29	30	31			

8/2　誰かとの関係が大きく進展するかも。真剣な思いが伝わる。理解される。

8/16　特別なスタートのタイミング。明るい気合いが入る。人から大切にされることによって、人を大切にすることを学ぶ人も。

9 • SEPTEMBER •

mon	tue	wed	thu	fri	sat	sun
				1	2	3
④	5	6	7	8	9	10
11	12	13	14	15	16	17
18	19	20	21	22	23	24
25	26	27	28	29	30	

9/4 5月からの精力的な前進を少し緩め、「自分自身」に目を向けるようなシフトが起こる。「今、自分は楽しめているかな？」というふうに、自分の満足や喜びを心に問いかける。

9/15・16 経済活動に新展開が起こるかも。新しい好材料。新しい経済活動を始める人も。

10 • OCTOBER •

mon	tue	wed	thu	fri	sat	sun
						1
2	3	4	5	6	7	8
9	10	11	12	13	14	⑮
16	17	18	19	20	21	22
23	24	25	26	27	28	㉙
30	31					

10/15 特別な朗報が飛び込んでくるかも。意外な「ゴーサイン」を受け取れる。

10/12–11/24 「居場所が動く」時。引っ越しや模様替え、家族構成の変化などが起こりやすい。身近な人と熱い議論を交わす場面も。

10/29 大きな成果を挙げられる時。びっくりするような進展も。抜擢や引き抜き、突然のチャンスや選択。

11 • NOVEMBER •

mon	tue	wed	thu	fri	sat	sun
		1	2	3	4	5
6	7	8	9	10	11	12
13	14	15	16	17	18	19
20	21	22	23	24	25	26
27	28	29	30			

11/8–12/5　学ぶことがとても楽しくなる。素晴らしいコミュニケーションが生まれる。身近な人との関係が愛に満ちる。

11/24–2024/1/23　愛と情熱の季節。大恋愛をする人、趣味やクリエイティブな活動に没頭する人も。好きなことに打ち込める時。

12 • DECEMBER •

mon	tue	wed	thu	fri	sat	sun
				1	2	3
4	5	6	7	8	9	10
11	12	13	14	15	16	17
18	19	20	21	22	23	24
25	26	27	28	29	30	31

12/13　「愛が生まれる」時。ハートに火がつくような出来事が起こるかも。突然燃え上がる情熱。

12/27　抱えていた問題が自然に解決するかも。密かに深い安堵のため息をつくような出来事が。

12/31　9月頃から停滞を感じていた人は、この年末年始を境に前進に転じるはず。

2023年のプチ占い（天秤座〜魚座）

天秤座（9/24-10/23生まれ）

「出会いの時間」が5月まで続く。公私ともに素敵な出会い・関わりに恵まれる。パートナーを得る人も。6月から10月上旬は交友関係に愛が満ちる。視野が広がり、より大きな場に立つことになる年。

蠍座（10/24-11/22生まれ）

特別な「縁」が結ばれる年。不思議な経緯、意外な展開で、公私ともに新しい関わりが増えていく。6月から10月上旬、キラキラのチャンスが巡ってきそう。嬉しい役割を得て、楽しく活躍できる年。

射手座（11/23-12/21生まれ）

年の前半は「愛と創造の時間」の中にある。誰かとの真剣勝負に挑んでいる人も。年の半ばを境に、「役割を作る」時間に入る。新たな任務を得ることになりそう。心身の調子が上向く。楽しい冒険旅行も。

山羊座（12/22-1/20生まれ）

「居場所を作る」時間が5月まで続く。新たな住処を得る人、家族を得る人も。5月以降は「愛と創造の時間」へ。自分自身を解放するような、大きな喜びを味わえそう。経済的にも上昇気流が生じる。

水瓶座（1/21-2/19生まれ）

2020年頃からのプレッシャーから解放される。孤独感が和らぎ、日々を楽しむ余裕を持てる。5月以降は素晴らしい愛と創造の時間へ。人を愛することの喜び、何かを生み出すことの喜びに満ちる。

魚座（2/20-3/20生まれ）

強い意志をもって行動できる年。時間をかけてやり遂げたいこと、大きなテーマに出会う。経済的に強い追い風が吹く。年の半ば以降、素晴らしいコミュニケーションが生まれる。自由な学びの年。

（※牡羊座〜乙女座はP.30）

HOSHIORI

星のサイクル
冥王星

❀ 冥王星のサイクル

　2023年3月、冥王星が山羊座から水瓶座へと移動を開始します。この後も逆行・順行を繰り返しながら進むため、完全に移動が完了するのは2024年ですが、この3月から既に「水瓶座冥王星時代」に第一歩を踏み出すことになります。冥王星が山羊座入りしたのは2008年、それ以来の時間が、新しい時間へと移り変わってゆくのです。冥王星は根源的な変容、破壊と再生、隠された富、深い欲望などを象徴する星です。2008年はリーマン・ショックで世界が震撼した年でしたが、2023年から2024年もまた、時代の節目となるような象徴的な出来事が起こるのかもしれません。この星が星座から星座へと移動する時、私たちの人生にはどんな変化が感じられるでしょうか。次のページでは冥王星のサイクルを年表で表現し、続くページで各時代があなたの星座にとってどんな意味を持つか、少し詳しく説明しました。そしてさらに肝心の、2023年からの「水瓶座冥王星時代」があなたにとってどんな時間になるか、考えてみたいと思います。

◆◇○◆◇○◆◇○◆◇○◆◇○◆◇○◆◇○◆◇○◆◇○◆◇○◆◇○◆◇○◆◇○◆

冥王星のサイクル年表 (詳しくは次のページへ)

時　期	獅子座のあなたにとってのテーマ
1912年 - 1939年	内面化された規範意識との対決
1937年 - 1958年	キャラクターの再構築
1956年 - 1972年	経済力、価値観、欲望の根本的再生
1971年 - 1984年	コミュニケーションの「迷路」を抜けてゆく
1983年 - 1995年	精神の最深部への下降、子供だった自分との再会
1995年 - 2008年	愛や創造的活動を通して、「もう一人の自分」に出会う
2008年 - 2024年	「生活」の根源的ニーズを発見する
2023年 - 2044年	他者との出会いにより、人生が変わる
2043年 - 2068年	他者の人生と自分の人生の結節点・融合点
2066年 - 2097年	「外部」への出口を探し当てる
2095年 - 2129年	人生全体を賭けられる目標を探す
2127年 - 2159年	友情、社会的生活の再発見

※時期について／冥王星は順行・逆行を繰り返すため、星座の境界線を何度か往復してから移動を完了する。上記の表で、開始時は最初の移動のタイミング、終了時は移動完了のタイミング。

◆◇○◆◇○◆◇○◆◇○◆◇○◆◇○◆◇○◆◇○◆◇○◆◇○◆◇○◆◇○◆◇○◆

◆ 1912-1939年 内面化された規範意識との対決

自分の中で否定してきたこと、隠蔽してきたこと、背を向けてきたことの全てが、生活の水面上に浮かび上がる時です。たとえば何かが非常に気になったり、あるものを毛嫌いしたりする時、そこには自分の「内なるもの」がありありと映し出されています。精神の解放への扉を、そこに見いだせます。

◆ 1937-1958年 キャラクターの再構築

「自分はこういう人間だ」「自分のキャラクターはこれだ」というイメージが根源的に変容する時期です。まず、自分でもコントロールできないような大きな衝動に突き動かされ、「自分らしくないこと」の方向に向かい、その結果、過去の自分のイメージが消え去って、新たなセルフイメージが芽生えます。

◆ 1956-1972年 経済力、価値観、欲望の根本的再生

乗り物もない遠方で、突然自分の手では運べないほどの宝物を贈られたら、どうすればいいでしょうか。たとえばそんな課題から変容のプロセスがスタートします。強烈な欲望の体験、膨大な富との接触、その他様々な「所有・獲得」の激しい体験を通して、欲望や価値観自体が根源的に変化する時です。

◆ 1971-1984年 コミュニケーションの「迷路」を抜けてゆく

これまで疑問を感じなかったことに、いちいち「?」が浮かぶようになります。「そういうものなのだ」と思い込んでいたことへの疑念が生活の随所に浮上します。そこから思考が深まり、言葉が深みを増し、コミュニケーションが迷路に入り込みます。この迷路を抜けたところに、知的変容が完成します。

◆ 1983-1995年　精神の最深部への下降、子供だった自分との再会
不意に子供の頃の思い出と感情がよみがえり、その思いに飲み込まれるような状態になりやすい時です。心の階段を一段一段降りてゆき、より深い精神的世界へと触れることになります。この体験を通して、現代の家庭生活や人間関係、日常の風景が大きく変化します。「心」が根源的変容を遂げる時です。

◆ 1995-2008年　愛や創造的活動を通して、「もう一人の自分」に出会う
圧倒的な愛情が生活全体を飲み込む時です。恋愛、子供への愛、そのほかの存在への愛が、一時的に人生の「すべて」となることもあります。この没入、陶酔、のめり込みの体験を通して、人生が大きく変化します。個人としての感情を狂おしいほど生きられる時間です。創造的な活動を通して財を築く人も。

◆ 2008-2024年　「生活」の根源的ニーズを発見する
物理的な「身体」、身体の一部としての精神状態、現実的な「暮らし」が、根源的な変容のプロセスに入る時です。常識や社会のルール、責任や義務などへの眼差しが変化します。たとえば過酷な勤務とそこからの離脱を通して、「人生で最も大事にすべきもの」がわかる、といった経験をする人も。

◆ 2023-2044年　他者との出会いにより、人生が変わる
一対一の人間関係において、火山の噴火のような出来事が起こる時です。人間の内側に秘められたエネルギーが他者との関わりをきっかけとして噴出し、お互いにそれをぶつけ合うような状況が生じることも。その結果、人間として見違えるような変容を遂げることになります。人生を変える出会いの時間です。

◆ 2043-2068年　他者の人生と自分の人生の結節点・融合点

誰の人生も、自分だけの中に閉じた形で完結していません。他者の人生となんらかの形で融け合い、混じり合い、深く影響を与え合っています。時には境目が曖昧になり、ほとんど一体化することもあります。この時期はそうした「他者の人生との連結・融合」という、特別なプロセスが展開します。

◆ 2066-2097年　「外部」への出口を探し当てる

「人間はどこから来て、どこに行くのだろう」「宇宙の果てには、何があるのだろう」「死んだ後は、どうなるのだろう」。たとえばそんな問いを、誰もが一度くらいは考えたことがあるはずです。この時期はそうした問いに、深く突っ込んでいくことになります。宗教や哲学などを通して、人生が変わる時です。

◆ 2095-2129年　人生全体を賭けられる目標を探す

人生において最も大きな山を登る時間です。この社会において自分が持てる最大の力とはどんなものかを、徹底的に追求することになります。社会的成功への野心に、強烈に突き動かされます。「これこそが人生の成功だ」と信じられるイメージが、この時期の体験を通して根本的に変わります。

◆ 2127-2159年　友情、社会的生活の再発見

友達や仲間との関わり、「他者」の集団に身を置くことで自分を変えたい、という強い欲求が生まれます。自分を変えてくれるものこそはこれから出会う新たな友人である、というイメージが心を支配します。この広い世界と自分とをどのように結びつけ、居場所を得るかという大問題に立ち向かえる時です。

〜2023年からのあなたの「冥王星時代」〜
他者との出会いにより、人生が変わる

　2008年から「役割」を求め続けてきた人が少なくないはずです。この世界で自分は何を求められているのか、自分の役割とは何か、どうしたらニーズに応えられるのか、必要とされ頼られたい、などの思いが時に、強烈な欲望のように胸に燃え、時に強迫的な状況になったのではないでしょうか。それによって一時的に、心身のコンディションを崩すようなこともあったかもしれません。2023年、そうした状況から脱し、「自分の役割はこれだ」ということを自然に、受け止められるようになっているはずです。この期間の経験を経て、自分の「身体」とのつき合い方もかなり変わったのではないでしょうか。2023年からは、パートナーシップや一対一の人間関係があなたの生き方を大きく捉えます。パートナーとの関わりが非常に深く、強くなります。これまで一人で生きてきた人も、2023年以降は誰かとの強い結びつきを生きることになる可能性があります。この深く強い関わりを通して、人生観や生き方が大きく変わるのです。自分の都合を後回しにし、人の都合を

最優先で動くことになるかもしれません。相手に合わせて生きることで、自分一人では見ることのできなかった世界が見られます。パートナーや「相方」のような存在と「二人三脚」のように、一体となって取り組むべきテーマが浮上します。人を支配したい、独占したい、思い通りに動かしたいという欲望が湧く一方で、そうした欲望の理不尽に気づき、自分自身と闘うことになります。「人は、一人では生きていけない」ということの神髄を、この時期の体験を通して深く理解できます。一方、誰かとの強烈な対立や敵対、衝突の体験を通して、根源的成長を遂げる人もいるはずです。長く続いている人間関係ほど、潜在的な問題が顕在化するでしょう。愛も憎しみも、深く根を辿っていくと、一つの場所から立ち上がっています。人間は他者との関わりによって良くも悪くも変わるものですが、この時期の変化の振り幅は、特に大きなものとなるでしょう。大切な人との関係が崩壊したように思えても、その先で関係が「再生」する可能性が高い時です。自分をも他人をも、見捨てたり見放したりしないことが、この時期のもう一つの大切なテーマです。

12星座プロフィール

LEO //

獅子座のプロフィール
意思の星座

// I will.

> **キャラクター**

◆ 肯定感と誇り

　獅子座の人々は、どっしりとした肯定的な雰囲気をまとい、いつのまにか人々の中心にいます。太陽系の中心には太陽があって、そのまわりを惑星が回っていますが、獅子座の人はちょうどこの太陽に当たる存在なのです。周囲を意図的に引き寄せて中心に収まるのではなく、自ら輝いているだけで、自然に周囲の人々が自分のまわりを回り始めている、という感覚もあるかもしれません。

　とはいえ、獅子座の人は決して、「ただ漫然と座っている」存在ではありません。ゆったりと優雅に動きますが、常に愛する人に働きかけ、愛情を注ぎ、相手を活かすように気を配るのが、獅子座の人の生き方です。

　獅子座の人々は、自分自身が生きていることを「絶対的にいいことだ」と、肯定しています。そしてさらに、他者に対しても、同じ原理を適用するのです。自分にも他人にも、望みのままに生きる権利がある、ということを頭から信じ切り、それを守るのが、獅子座の人々の使命と言って

106

もいいでしょう。

◆ 自己表現力

　獅子座の人々は、自分を表現する力に恵まれています。これは、思ったことを開けっ放しに何でも言ってしまう、といったことではありません。そうではなく、まず心に美しい理想を描き、その理想の通りに動き、語るということです。ですから、たとえ心の中に暗く湿ったような醜い感情が渦巻いたとしても、決して外にそれを見せることはありません。獅子座の人が表現していたい「自己像」とは、いつも強く美しい、誇り高い姿だからです。獅子座の人が「表現するもの」は、「ありのままの自分」ではなく、「こうありたいと願う自分」の姿なのです。ゆえに、芸術家や俳優の才能を持っている人も少なくありません。獅子座の人の多くは幼い頃から注目されることに慣れています。人から見てもらえていない、と思うと、大人になっても不満や心細さを感じることがあるようです。

◆ 鎧に守られた繊細な心

　獅子座の人は「弱みを見せたくない」と願い、クールな、あるいはきらめくような「自己」を表現します。ですが、その内側には非常に傷つきやすい、繊細な心を抱えています。

決して弱みを見せない生き方は、孤独感に繋がっていきます。獅子座の人は、誰かに悩みや迷いを伝えるときにも、まるでそれが「すでに解決したこと」のように話し、相談に乗ってくれるはずだった相手を、逆に安心させてしまうのです。獅子座の人はその誇り高さゆえに、自分で自分を孤独によって傷つけるのです。

　このような孤独を守るのは、強く深い愛情です。孤独に飲み込まれないよう獅子座の人は強い愛で他者と結びつこうとするのです。その愛が獅子座の人の密かな孤独を理解したとき、彼らは自分の孤独を手放すことはしないまでも、その世界に「置き去り」にされることなく、持ち前の強さと繊細さを心の深い所で折り合わせながら、強い魅力で人を惹きつけつつ、生きていくことができるのです。

◆ 他者の欠点を「容れる」心

　獅子座の人々は非常に鋭い「観察眼」を持っています。人の悩みや苦しみ、弱点や欠点をすらりと見抜いてしまいます。ただ、それを「指摘する」ことはほぼ、ありません。むしろ「誰にでも欠点や弱みがあるのが当然だ」と考え、人の弱点を爽やかに許容できるのです。獅子座の「肯定」は、他者の権利や個性だけでなく、弱点や欠点をもやわらかく包み込むのです。

◈ 太陽

獅子座を支配する星は、太陽です。全天で最も明るく、かつ、太陽系の中心に位置する星に支配されているのは、獅子座だけです。獅子座がなぜ「王者の星座」なのかということが、このことからもご納得頂けると思います。

しし座にはレグルスという恒星がありますが、これも「王者」を意味する名前だと言われます。

「太陽のような人」と言えば、明るく強く、みんなをあたたかな気持ちで包む人、というイメージが湧きます。獅子座の人はまさに、太陽のような人々です。

◈ ネメアの獅子

獅子座の神話は、ヘラクレスの物語に登場します。大神ゼウスと人間アルクメネの間に生まれたヘラクレスは、ゼウスの正妻ヘラに憎まれ、「12の難行」に挑むことを余儀なくされました。その第一の難行が、ネメアの谷に住むライオンの怪物を倒すことでした。矢も棍棒も跳ね返すライオンを、ヘラクレスは最後に素手で仕留め、そのかたい皮をはぎ、自分自身の鎧としたのです。

ヘラクレス、という名前は、実は「ヘラの栄光」という意味に通じるそうです。「母なるもの」には二つの面、すな

わち「守り育てる母」と「子供を飲み込もうとする母」との両面がある、とされます。子供は一方の母に守り育てられながら、もう一方の母と激しく対決する経験を経て、大人になります。多くのおとぎ話に登場する「継母（ままはは）」が実は実母であったように、ヘラもまた、ヘラクレスにとって「母なるもの」の一面を象徴しているのかもしれません。この鎧を得ることは、自分を飲み込もうとする他者の情動から、「自己」を引き離す最初の一歩であった、と考えることもできるのではないかと思います。

獅子座の才能

　特別なプレゼンテーションの才能に恵まれています。特に何かを表現しているという意識がなくとも、ふと気づけば周囲の目を自然に集めながら語っている、といったシチュエーションがよくあるのではないでしょうか。あなたが語り出すと、その場の中心があなたになるのです。目立つこと、際立つことがあなたには苦になりませんし、その場の中心的存在でいることに安心する、という才能があります。ゆえに、「場を運営する」「場をつくる」ことが上手な人が多いのです。

牡羊座　はじまりの星座

I am.

素敵なところ

裏表がなく純粋で、自他を比較しません。明るく前向きで、正義感が強く、諍い（いさか）のあともさっぱりしています。欲しいものを欲しいと言える勇気、自己主張する勇気、誤りを認める勇気の持ち主です。

キーワード

勢い／勝負／果断／負けず嫌い／せっかち／能動的／スポーツ／ヒーロー・ヒロイン／華やかさ／アウトドア／草原／野生／丘陵／動物愛／議論好き／肯定的／帽子・頭部を飾るもの／スピード／赤

 ## 牡牛座　五感の星座

I have.

素敵なところ

感情が安定していて、態度に一貫性があります。知識や経験をたゆまずゆっくり、たくさん身につけます。穏やかでも不思議な存在感があり、周囲の人を安心させます。美意識が際立っています。

キーワード

感覚／色彩／快さ／リズム／マイペース／芸術／暢気（のんき）／贅沢／コレクション／一貫性／素直さと頑固さ／価値あるもの／美声・歌／料理／庭造り／変化を嫌う／積み重ね／エレガント／レモン色／白

 ## 双子座　知と言葉の星座

I think.

素敵なところ

イマジネーション能力が高く、言葉と物語を愛するユニークな人々です。フットワークが良く、センサーが敏感で、いくつになっても若々しく見えます。場の空気・状況を変える力を持っています。

キーワード

言葉／コミュニケーション／取引・ビジネス／相対性／比較／関連づけ／物語／比喩／移動／旅／ジャーナリズム／靴／天使・翼／小鳥／桜色／桃色／空色／文庫本／文房具／手紙

蟹座　感情の星座

I feel.

素敵なところ

心優しく、共感力が強く、人の世話をするときに手間を惜しみません。行動力に富み、人にあまり相談せずに大胆なアクションを起こすことがありますが、「聞けばちゃんと応えてくれる」人々です。

キーワード

感情／変化／月／守護・保護／日常生活／行動力／共感／安心／繰り返すこと／拒否／生活力／フルーツ／アーモンド／巣穴／胸部、乳房／乳白色／銀色／真珠

獅子座　意思の星座

I will.

素敵なところ

太陽のように肯定的で、安定感があります。深い自信を持っており、側にいる人を安心させることができます。人を頷かせる力、一目置かせる力、パワー感を持っています。内面には非常に繊細な部分も。

キーワード

強さ／クールさ／肯定的／安定感／ゴールド／背中／自己表現／演技／芸術／暖炉／広場／人の集まる賑やかな場所／劇場・舞台／お城／愛／子供／緋色／パープル／緑

乙女座　分析の星座

I analyze.

素敵なところ

一見クールに見えるのですが、とても優しく世話好きな人々です。他者に対する観察眼が鋭く、シャープな批評を口にしますが、その相手の変化や成長を心から喜べる、「教育者」の顔を持っています。

キーワード

感受性の鋭さ／「気が利く」人／世話好き／働き者／デザイン／コンサバティブ／胃腸／神経質／分析／調合／変化／回復の早さ／迷いやすさ／研究家／清潔／ブルーブラック／空色／桃色

天秤座 関わりの星座　　　　　　　　I balance.

素敵なところ

高い知性に恵まれると同時に、人に対する深い愛を抱いています。視野が広く、客観性を重視し、細やかな気遣いができます。内側には熱い情熱を秘めていて、個性的なこだわりや競争心が強い面も。

キーワード

人間関係／客観視／合理性／比較対象／美／吟味／審美眼／評価／選択／平和／交渉／結婚／諍い／調停／パートナーシップ／契約／洗練／豪奢／黒／芥子色／深紅色／水色／薄い緑色／ベージュ

 蠍座 情熱の星座　　　　　　　　I desire.

素敵なところ

意志が強く、感情に一貫性があり、愛情深い人々です。一度愛したものはずっと長く愛し続けることができます。信頼に足る、芯の強さを持つ人です。粘り強く努力し、不可能を可能に変えます。

キーワード

融け合う心／継承／遺伝／魅力／支配／提供／共有／非常に古い記憶／放出／流動／隠されたもの／湖沼／果樹園／庭／葡萄酒／琥珀／茶色／濃い赤／カギつきの箱／ギフト

 射手座 冒険の星座　　　　　　　　I understand.

素敵なところ

冒険心に富む、オープンマインドの人々です。自他に対してごく肯定的で、恐れを知らぬ勇気と明るさで周囲を照らし出します。自分の信じるものに向かってまっすぐに生きる強さを持っています。

キーワード

冒険／挑戦／賭け／負けず嫌い／馬や牛など大きな動物／遠い外国／語学／宗教／理想／哲学／おおらかさ／自由／普遍性／スピードの出る乗り物／船／黄色／緑色／ターコイズブルー／グレー

山羊座　実現の星座　　　　　　　　　I use.

素敵なところ

夢を現実に変えることのできる人々です。自分個人の世界だけに収まる小さな夢ではなく、世の中を変えるような、大きな夢を叶えることができる力を持っています。優しく力強く、芸術的な人です。

キーワード

城を築く／行動力／実現／責任感／守備／権力／支配者／組織／芸術／伝統／骨董品／彫刻／寺院／華やかな色彩／ゴージャス／大きな楽器／黒／焦げ茶色／薄い茜色／深緑

水瓶座　思考と自由の星座　　　　　　I know.

素敵なところ

自分の頭でゼロから考えようとする、澄んだ思考の持ち主です。友情に篤く、損得抜きで人と関わろうとする、静かな情熱を秘めています。ユニークなアイデアを実行に移すときは無二の輝きを放ちます。

キーワード

自由／友情／公平・平等／時代の流れ／流行／メカニズム／合理性／ユニセックス／神秘的／宇宙／飛行機／通信技術／電気／メタリック／スカイブルー／チェック、ストライプ

魚座　透明な心の星座　　　　　　　　I believe.

素敵なところ

人と人とを分ける境界線を、自由自在に越えていく不思議な力の持ち主です。人の心にするりと入り込み、相手を支え慰めることができます。場や世界を包み込むような大きな心を持っています。

キーワード

変容／変身／愛／海／救済／犠牲／崇高／聖なるもの／無制限／変幻自在／天衣無縫／幻想／瞑想／蠱惑／エキゾチック／ミステリアス／シースルー／黎明／白／ターコイズブルー／マリンブルー

用語解説

星の逆行

　星占いで用いる星々のうち、太陽と月以外の惑星と冥王星は、しばしば「逆行」します。これは、星が実際に軌道を逆走するのではなく、あくまで「地球からそう見える」ということです。

　たとえば同じ方向に向かう特急電車が普通電車を追い抜くとき、相手が後退しているように見えます。「星の逆行」は、この現象に似ています。地球も他の惑星と同様、太陽のまわりをぐるぐる回っています。ゆえに一方がもう一方を追い抜くとき、あるいは太陽の向こう側に回ったときに、相手が「逆走している」ように見えるのです。

　星占いの世界では、星が逆行するとき、その星の担うテーマにおいて停滞や混乱、イレギュラーなことが起こる、と解釈されることが一般的です。ただし、この「イレギュラー」は「不運・望ましくない展開」なのかというと、そうではありません。

　私たちは自分なりの推測や想像に基づいて未来の計画を立て、無意識に期待し、「次に起こること」を待ち受けます。その「待ち受けている」場所に思い通りのボールが飛んでこなかったとき、苛立ちや焦り、不安などを感じます。でも、そのこと自体が「悪いこと」かというと、決してそうではないはずです。なぜなら、人間の推測や想像には、限界があるか

らです。推測通りにならないことと、「不運」はまったく別の
ことです。

　星の逆行時は、私たちの推測や計画と、実際に巡ってくる
未来とが「噛み合いにくい」ときと言えます。ゆえに、現実
に起こる出来事全体が、言わば「ガイド役・導き手」となり
ます。目の前に起こる出来事に導いてもらうような形で先に
進み、いつしか、自分の想像力では辿り着けなかった場所に
「つれていってもらえる」わけです。

　水星の逆行は年に三度ほど、一回につき3週間程度で起こ
ります。金星は約1年半ごと、火星は2年に一度ほど、他の
星は毎年太陽の反対側に回る数ヵ月、それぞれ逆行します。

　たとえば水星逆行時は、以下のようなことが言われます。

◆失せ物が出てくる／この時期なくしたものはあとで出てくる
◆ 旧友と再会できる
◆ 交通、コミュニケーションが混乱する
◆ 予定の変更、物事の停滞、遅延、やり直しが発生する

　これらは「悪いこと」ではなく、無意識に通り過ぎてしま
った場所に忘れ物を取りに行くような、あるいは、トンネル
を通って山の向こうへ出るような動きです。掛け違えたボタ
ンを外してはめ直すようなことができる時間なのです。

ボイドタイム─月のボイド・オブ・コース

　ボイドタイムとは、正式には「月のボイド・オブ・コース」となります。実は、月以外の星にもボイドはあるのですが、月のボイドタイムは3日に一度という頻度で巡ってくるので、最も親しみやすい（？）時間と言えます。ボイドタイムの定義は「その星が今いる星座を出るまで、他の星とアスペクト（特別な角度）を結ばない時間帯」です。詳しくは占星術の教科書などをあたってみて下さい。

　月のボイドタイムには、一般に、以下のようなことが言われています。

◆ 予定していたことが起こらない／想定外のことが起こる

◆ ボイドタイムに着手したことは無効になる

◆ 期待通りの結果にならない

◆ ここでの心配事はあまり意味がない

◆ 取り越し苦労をしやすい

◆ 衝動買いをしやすい

◆ この時間に占いをしても、無効になる。意味がない

　ボイドをとても嫌う人も少なくないのですが、これらをよく見ると、「悪いことが起こる」時間ではなく、「あまりいろいろ気にしなくてもいい時間」と思えないでしょうか。

とはいえ、たとえば大事な手術や面接、会議などがこの時間帯に重なっていると「予定を変更したほうがいいかな?」という気持ちになる人もいると思います。

　この件では、占い手によっても様々に意見が分かれます。その人の人生観や世界観によって、解釈が変わり得る要素だと思います。

　以下は私の意見なのですが、大事な予定があって、そこにボイドや逆行が重なっていても、私自身はまったく気にしません。

　では、ボイドタイムは何の役に立つのでしょうか。一番役に立つのは「ボイドの終わる時間」です。ボイド終了時間は、星が星座から星座へ、ハウスからハウスへ移動する瞬間です。つまり、ここから新しい時間が始まるのです。

　たとえば、何かうまくいかないことがあったなら、「365日のカレンダー」を見て、ボイドタイムを確認します。もしボイドだったら、ボイド終了後に、物事が好転するかもしれません。待っているものが来るかもしれません。辛い待ち時間や気持ちの落ち込んだ時間は、決して「永遠」ではないのです。

　本書では月の位置している星座から、自分にとっての「ハウス」を読み取り、毎日の「月のテーマ」を紹介しています。ですが月にはもう一つの「時計」としての機能があります。それは、「満ち欠け」です。

　月は1ヵ月弱のサイクルで満ち欠けを繰り返します。夕方に月がふと目に入るのは、新月から満月へと月が膨らんでいく時間です。満月から新月へと月が欠けていく時間は、月が夜遅くから明け方でないと姿を現さなくなります。

　夕方に月が見える・膨らんでいく時間は「明るい月の時間」で、物事も発展的に成長・拡大していくと考えられています。一方、月がなかなか出てこない・欠けていく時間は「暗い月の時間」で、物事が縮小・凝縮していく時間となります。

　これらのことはもちろん、科学的な裏付けがあるわけではなく、あくまで「古くからの言い伝え」に近いものです。

　新月と満月のサイクルは「時間の死と再生のサイクル」です。このサイクルは、植物が繁茂しては枯れ、種によって子孫を残す、というイメージに重なります。「死」は本当の「死」ではなく、種や球根が一見眠っているように見える、その状態を意味します。

　そんな月の時間のイメージを、図にしてみました。

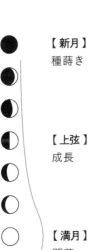

【新月】
種蒔き

芽が出る、新しいことを始める、目標を決める、新品を下ろす、髪を切る、悪癖をやめる、コスメなど、古いものを新しいものに替える

【上弦】
成長

勢い良く成長していく、物事を付け加える、増やす、広げる、決定していく、少し一本調子になりがち

【満月】
開花、
結実

達成、到達、充実、種の拡散、実を収穫する、人間関係の拡大、ロングスパンでの計画、このタイミングにゴールや〆切りを設定しておく

【下弦】
貯蔵、
配分

加工、貯蔵、未来を見越した作業、不要品の処分、故障したものの修理、古物の再利用を考える、蒔くべき種の選別、ダイエット開始、新月の直前、材木を切り出す

【新月】
次の
種蒔き

新しい始まり、仕切り直し、軌道修正、過去とは違った選択、変更

月のフェーズ

以下、月のフェーズを六つに分けて説明してみます。

● 新月　New moon

「スタート」です。時間がリセットされ、新しい時間が始まる！
というイメージのタイミングです。この日を境に悩みや迷い
から抜け出せる人も多いようです。とはいえ新月の当日は、気
持ちが少し不安定になる、という人もいるようです。細い針
のような月が姿を現す頃には、フレッシュで爽やかな気持ち
になれるはずです。日食は「特別な新月」で、1年に二度ほ
ど起こります。ロングスパンでの「始まり」のときです。

◗ 三日月〜 ◑ 上弦の月　Waxing crescent - First quarter moon

ほっそりした月が半月に向かうに従って、春の草花が生き生
きと繁茂するように、物事が勢い良く成長・拡大していきま
す。大きく育てたいものをどんどん仕込んでいけるときです。

◔ 十三夜月〜小望月（こもちづき）　Waxing gibbous moon

少量の水より、大量の水を運ぶときのほうが慎重さを必要と
します。それにも似て、この時期は物事が「完成形」に近づ
き、細かい目配りや粘り強さ、慎重さが必要になるようです。
一歩一歩確かめながら、満月というゴールに向かいます。

○ 満月　Full moon

新月からおよそ2週間、物事がピークに達するタイミングです。文字通り「満ちる」ときで、「満を持して」実行に移せることもあるでしょう。大事なイベントが満月の日に計画されている、ということもよくあります。意識してそうしたのでなくとも、関係者の予定を繰り合わせたところ、自然と満月前後に物事のゴールが置かれることがあるのです。

月食は「特別な満月」で、半年から1年といったロングスパンでの「到達点」です。長期的なプロセスにおける「折り返し地点」のような出来事が起こりやすいときです。

◑ 十六夜の月〜寝待月　Waning gibbous moon

樹木の苗や球根を植えたい時期です。時間をかけて育てていくようなテーマが、ここでスタートさせやすいのです。また、細くなっていく月に擬えて、ダイエットを始めるのにも良い、とも言われます。植物が種をできるだけ広くまき散らそうとするように、人間関係が広がるのもこの時期です。

◐ 下弦の月〜 ◑ 二十六夜月　Last quarter - Waning crescent moon

秋から冬に球根が力を蓄えるように、ここでは「成熟」がテーマとなります。物事を手の中にしっかり掌握し、力をためつつ「次」を見据えてゆっくり動くときです。いたずらに物珍しいことに踊らされない、どっしりした姿勢が似合います。

◆ 太陽星座早見表　獅子座

（1930〜2025年／日本時間）

太陽が獅子座に滞在する時間帯を下記の表にまとめました。
これより前は蟹座、これより後は乙女座ということになります。

生まれた年	期　　間	生まれた年	期　　間
1930	7/23　23:42　〜　8/24　6:25	1954	7/23　18:45　〜　8/24　1:35
1931	7/24　5:21　〜　8/24　12:09	1955	7/24　0:25　〜　8/24　7:18
1932	7/23　11:18　〜　8/23　18:05	1956	7/23　6:20　〜　8/23　13:14
1933	7/23　17:05　〜　8/23　23:51	1957	7/23　12:15　〜　8/23　19:07
1934	7/23　22:42　〜　8/24　5:31	1958	7/23　17:50　〜　8/24　0:45
1935	7/24　4:33　〜　8/24　11:23	1959	7/23　23:45　〜　8/24　6:43
1936	7/23　10:18　〜　8/23　17:10	1960	7/23　5:37　〜　8/23　12:33
1937	7/23　16:07　〜　8/23　22:57	1961	7/23　11:24　〜　8/23　18:18
1938	7/23　21:57　〜　8/24　4:45	1962	7/23　17:18　〜　8/24　0:11
1939	7/24　3:37　〜　8/24　10:30	1963	7/23　22:59　〜　8/24　5:57
1940	7/23　9:34　〜　8/23　16:28	1964	7/23　4:53　〜　8/23　11:50
1941	7/23　15:26　〜　8/23　22:16	1965	7/23　10:48　〜　8/23　17:42
1942	7/23　21:07　〜　8/24　3:57	1966	7/23　16:23　〜　8/23　23:17
1943	7/24　3:05　〜　8/24　9:54	1967	7/23　22:16　〜　8/24　5:11
1944	7/23　8:56　〜　8/23　15:45	1968	7/23　4:07　〜　8/23　11:02
1945	7/23　14:45　〜　8/23　21:34	1969	7/23　9:48　〜　8/23　16:42
1946	7/23　20:37　〜　8/24　3:25	1970	7/23　15:37　〜　8/23　22:33
1947	7/24　2:14　〜　8/24　9:08	1971	7/23　21:15　〜　8/24　4:14
1948	7/23　8:08　〜　8/23　15:02	1972	7/23　3:03　〜　8/23　10:02
1949	7/23　13:57　〜　8/23　20:47	1973	7/23　8:56　〜　8/23　15:52
1950	7/23　19:30　〜　8/24　2:22	1974	7/23　14:30　〜　8/23　21:28
1951	7/24　1:21　〜　8/24　8:15	1975	7/23　20:22　〜　8/24　3:23
1952	7/23　7:08　〜　8/23　14:02	1976	7/23　2:18　〜　8/23　9:17
1953	7/23　12:52　〜　8/23　19:44	1977	7/23　8:04　〜　8/23　14:59

生まれた年	期間		
1978	7/23 14:00 ~	8/23	20:56
1979	7/23 19:49 ~	8/24	2:46
1980	7/23 1:42 ~	8/23	8:40
1981	7/23 7:40 ~	8/23	14:37
1982	7/23 13:15 ~	8/23	20:14
1983	7/23 19:04 ~	8/24	2:06
1984	7/23 0:58 ~	8/23	7:59
1985	7/23 6:36 ~	8/23	13:35
1986	7/23 12:24 ~	8/23	19:25
1987	7/23 18:06 ~	8/24	1:09
1988	7/22 23:51 ~	8/23	6:53
1989	7/23 5:46 ~	8/23	12:45
1990	7/23 11:22 ~	8/23	18:20
1991	7/23 17:11 ~	8/24	0:12
1992	7/22 23:09 ~	8/23	6:09
1993	7/23 4:51 ~	8/23	11:49
1994	7/23 10:41 ~	8/23	17:43
1995	7/23 16:30 ~	8/23	23:34
1996	7/22 22:19 ~	8/23	5:22
1997	7/23 4:15 ~	8/23	11:18
1998	7/23 9:55 ~	8/23	16:58
1999	7/23 15:44 ~	8/23	22:50
2000	7/22 21:43 ~	8/23	4:47
2001	7/23 3:27 ~	8/23	10:27

生まれた年	期間		
2002	7/23 9:16 ~	8/23	16:17
2003	7/23 15:05 ~	8/23	22:08
2004	7/22 20:51 ~	8/23	3:53
2005	7/23 2:42 ~	8/23	9:46
2006	7/23 8:19 ~	8/23	15:23
2007	7/23 14:01 ~	8/23	21:08
2008	7/22 19:56 ~	8/23	3:02
2009	7/23 1:37 ~	8/23	8:39
2010	7/23 7:22 ~	8/23	14:27
2011	7/23 13:13 ~	8/23	20:21
2012	7/22 19:02 ~	8/23	2:07
2013	7/23 0:57 ~	8/23	8:02
2014	7/23 6:42 ~	8/23	13:46
2015	7/23 12:32 ~	8/23	19:37
2016	7/22 18:31 ~	8/23	1:39
2017	7/23 0:16 ~	8/23	7:20
2018	7/23 6:01 ~	8/23	13:09
2019	7/23 11:52 ~	8/23	19:02
2020	7/22 17:38 ~	8/23	0:45
2021	7/22 23:28 ~	8/23	6:35
2022	7/23 5:07 ~	8/23	12:15
2023	7/23 10:51 ~	8/23	18:01
2024	7/22 16:45 ~	8/22	23:54
2025	7/22 22:30 ~	8/23	5:33

おわりに

　これを書いているのは2022年8月なのですが、日本では新型コロナウイルスが「第7波」がピークを迎え、身近にもたくさんの人が感染するのを目の当たりにしています。2020年頃から世界を覆い始めた「コロナ禍」はなかなか収束の出口が見えないまま、多くの人を飲み込み続けています。今や世の中は「コロナ」に慣れ、意識の外側に置こうとしつつあるかのようにも見えます。

　2020年は土星と木星が同時に水瓶座入りした年で、星占い的には「グレート・コンジャンクション」「ミューテーション」など、時代の節目の時間として大いに話題になりました。2023年はその土星が水瓶座を「出て行く」年です。水瓶座は「風の星座」であり、ごく広い意味では「風邪」のような病気であった（症状は命に関わる酷いもので、単なる風邪などとはとても言えませんが！）COVID-19が、ここで土星と一緒に「退場」してくれれば！と、心から願っています。

　年次版の文庫サイズ『星栞』は、本書でシリーズ4作目となりました。表紙イラストのモチーフ「スイーツ」は、

2023年5月に木星が牡牛座に入ること、金星が獅子座に長期滞在することから、選んでみました。牡牛座は「おいしいもの」と関係が深い星座で、獅子座は華やかさ、表現力の世界です。美味しくて華やかなのは「お菓子！」だと思ったのです。また、「コロナ禍」が続く中で多くの人が心身に重大な疲労を蓄積し、自分で思うよりもずっと大きな苦悩を抱えていることも意識にありました。「甘いモノが欲しくなる時は、疲れている時だ」と言われます。かつて私も、猛烈なストレスを耐えて生きていた頃、毎日スーパーでちいさなフロランタンを買い、仕事帰りに齧っていました。何の理性的根拠もない「占い」ですが、時に人の心に希望をもたらす「溺れる者の藁」となることもあります。2023年、本書が読者の方の心に、小さな甘いキャンディのように響くことがあれば、と祈っています。

星栞 2023年の星占い
獅子座

2022年9月30日　第1刷発行

著者　石井ゆかり

発行人　石原正康
発行元　株式会社 幻冬舎コミックス
　　　　〒151-0051　東京都渋谷区千駄ヶ谷4-9-7
　　　　電話 03-5411-6431 (編集)
発売元　株式会社 幻冬舎
　　　　〒151-0051　東京都渋谷区千駄ヶ谷4-9-7
　　　　電話 03-5411-6222 (営業)
　　　　振替 00120-8-767643

印刷・製本所：株式会社 光邦
デザイン：竹田麻衣子 (Lim)
DTP：株式会社 森の印刷屋、安居大輔 (Dデザイン)
STAFF：齋藤至代 (幻冬舎コミックス)、
　　　　佐藤映湖・滝澤 航 (オーキャン)、三森定史
装画：砂糖ゆき